Der Crash der Lebensversicherungen

Für Marion

Michael Grandt

Der Crash der Lebensversicherungen

Die enttarnte Lüge von der angeblich sicheren Vorsorge

KOPP VERLAG

»Hast du Vertrauen in dich selbst, brauchst du keine Versicherung.«

(André Heller)

1. Auflage Juli 2009

Umschlaggestaltung: Angewandte Grafik/Peter Hofstätter
Satz und Layout: Perfect Page, Karlsruhe
Druck und Bindung: Bercker Graphischer Betrieb, Kevelaer
ISBN: 978-3-938516-97-3

FSC Mix
Produktgruppe aus vorbildlich bewirtschafteten Wäldern und Recyclingholz oder -fasern
www.fsc.org Zert.-Nr. SGS-COC-003091
© 1996 Forest Stewardship Council

Gerne senden wir Ihnen unser Verlagsverzeichnis.
Kopp Verlag
Pfeiferstraße 52
D-72108 Rottenburg
E-Mail: info@kopp-verlag.de
Tel. (0 74 72) 98 06-0
Fax (0 74 72) 98 06-11

Unser Buchprogramm finden Sie auch im Internet unter:
www.kopp-verlag.de

Inhaltsverzeichnis

2. Teil: Brechen unsere Lebensversicherungen zusammen?

Vorwort

Die Ausgangsfrage »Brechen unsere Lebensversicherungen zusammen?« ist wahrlich provokant. Fast alle, mit denen ich vor der Recherche darüber gesprochen habe, sahen schon die Fragestellung als unbegründet an. Sie argumentierten, dass Lebensversicherungen doch zu den »sichersten« Geldanlagen gehörten und darüber hinaus einen Garantiezins bezahlen – völlig unabhängig davon, wie die Börsen sich entwickeln würden.

An solchen Antworten erkennt man das große »Unwissen« der meisten Menschen beim Thema Lebensversicherungen. So ist es denn nicht verwunderlich, dass es die deutsche Assekuranz geschafft hat, Lebensversicherungen beim Durchschnittsbürger rundherum nur positiv zu platzieren. Dafür sprechen ja auch die jahrzehntelangen guten Erfahrungen mit Kapitallebensversicherungen und die lange Tradition dieses Produktes. Das will ich gerne zugestehen. Nur haben sich die Zeiten grundlegend geändert.

Sie sollten Folgendes wissen: Auch ich habe Lebensversicherungspolicen abgeschlossen. Deshalb interessiert es mich umso mehr, wie die Konzerne »mein« Geld angelegt haben. Aus dieser zentralen Fragestellung ergaben sich weitere Fragen, etwa:

- Können die Versicherungen den Garantiezins überhaupt noch erwirtschaften?
- Wie hat sich die Rendite entwickelt?
- Sind die Finanzreserven der Versicherer wirklich drastisch geschmolzen?
- Wie sieht es mit unserer Altersvorsorge überhaupt aus?
- Warum muss ich auf die Auszahlung aus einer Direktversicherung noch Krankenkassenbeiträge bezahlen?
- Wie »sicher« sind die Lebensversicherungen in Wirklichkeit?
- Warum erhalte ich den Garantiezins nur auf den Sparanteil und nicht auf meinen gesamten Monatsbeitrag?

- Wie sind die Stornoquoten der Lebensversicherer, und wie hat sich das Neugeschäft entwickelt?
- Stehen einige Versicherungskonzerne bereits auf der »Kippe«?
- Ist es sinnvoll, eine Lebensversicherung zur Tilgung eines Immobiliendarlehens zu verwenden?
- Was und warum verschleiert die staatliche Finanzaufsicht bestimmte Tatsachen?
- Lohnt sich eine Kapitallebensversicherung überhaupt noch?
- Droht am Ende gar der deutsche Staatsbankrott?

Auf diese Fragen und viele weitere gehe ich ausführlich ein. Dabei konnte ich auf die Mithilfe verschiedener Experten aus der Versicherungswirtschaft, aber auch von der Bundesanstalt für Finanzdienstleistungsaufsicht zurückgreifen, die mir ihre Sichtweise erläuterten. Es ist wirklich spannend zu erfahren, wie gegensätzlich Meinungen und Standpunkte zu Fragen der Sicherheit von Versicherungsgeldern sein können.

Ich werde zunächst erklären, wie es überhaupt zur Weltschuldenkrise gekommen ist, und führe Sie als Leser deshalb zuerst in die Vereinigten Staaten, bevor ich dann auf den deutschen Finanz- und Wirtschaftsmarkt zu sprechen komme. Diese Hintergründe sind dringend notwendig, um zu verstehen, in welcher prekären Lage sich unsere Lebensversicherer derzeit befinden. Interessante Interviews runden das Buch ab.

Die Darstellung der globalen Weltschuldenkrise ist weitreichend, sehr komplex und ohne deutlich abgesteckte Grenzen. Ich habe sie so behandelt, wie es mir angemessen erschien. Dieses Buch wird von Finanzmarkt-Laien und auch von Branchenkennern gelesen werden. Ich kann dem Leser einige Fachwörter aus dem Finanz- und Wirtschaftsbereich nicht ersparen.

Diese werden aber in »Hintergrund-Boxen« zum jeweiligen Thema erklärt. Der Quellenapparat zu diesem Buch ist umfangreich. Jeder Leser soll die getroffenen Aussagen jederzeit nachvollziehen und nachprüfen können.

Mit dieser Publikation soll keinesfalls Hysterie oder gar Panik geschürt werden. Man kann eine Krise aber nur dann gut meistern, wenn man sich auf sie vorbereitet. Deshalb will ich in den nachfolgenden Kapiteln Aussagen der Versicherer hinterfragen, Fakten nennen und Werbebotschaften auf ihren Wahrheitsgehalt hin überprüfen.

Als Autor wünsche ich mir eine sachliche Auseinandersetzung mit den nachfolgenden Kapiteln und den kritischen Aussagen, die sicher auch in Fachkreisen für einige Aufregung sorgen werden, weil viele Millionen Menschen eine Lebensversicherung abgeschlossen haben und durch den möglichen Crash unmittelbar betroffen sein werden.

Michael Grandt, Sommer 2009

Wichtige Vorbemerkung der Société Générale:

Viele der Zahlen, die der Leser in diesem Buch erfährt, sind aus der Studie *Nach dem Sturm* von Dr. Carsten Zielke, Managing Director und Senior Insurance ALM Analyst der Société Générale, entnommen.

Die darin enthaltenen Informationen basieren auf Marktdaten und Annahmen zu einem bestimmten Zeitpunkt und können sich im Zeitablauf verändern. Die Informationen stammen aus Quellen, die als seriös erachtet werden. Trotzdem sind die Genauigkeit, Vollständigkeit oder Relevanz der aufgeführten Informationen nicht garantiert. Die Informationen dienen der Darstellung der Ergebnisse einer Studie, sie enthalten keine Empfehlung oder Anlageberatung.

Die benutzten Informationen haben einen rein indikativen und informativen Charakter und beinhalten keine Aussagen über zukünftige Entwicklungen und stellen in keiner Weise eine Verpflichtung oder ein Angebot seitens der Société Générale dar, die keine Haftung für Anlageentscheidungen übernimmt, die auf den Ergebnissen dieser Studie basieren.

Wichtige Vorbemerkung von Michael Grandt:

Dr. Carsten Zielke hat mir die Studie freundlicherweise zur Verfügung gestellt und mir erlaubt, Zahlen daraus unter Angabe der Quelle zu verwenden. Auch ich übernehme keine Haftung für Anlageentscheidungen, die auf den Ergebnissen dieser Studie basieren.

Meine Auswahl der behandelten Versicherungen folgt keinem besonderen Bewertungsverfahren, sondern erfolgte auf der Basis freier journalistischer Recherchen und Erhebungen.

Da sich die Ereignisse in der Krise fast stündlich überstürzten, musste ich die Informationen verarbeiten, die bis zum Redaktionsschluss des Buches zur Verfügung standen.

1. Teil

Hintergründe

1.1 Die Subprime- und US-Immobilien-Krise

Um zu verstehen, warum deutsche Versicherungsunternehmen und Banken in schwerste Turbulenzen geraten sind, muss man die Entstehungsgeschichte der vier Krisen kennen, die uns nacheinander in kurzer Zeit heimgesucht haben. Ich beginne deshalb mit der Subprime- und der US-Immobilien-Krise, mit denen das Unheil seinen Anfang nahm.

Jeder Amerikaner sollte sein eigenes Haus haben

Hypothekenfinanzierer in den USA, aber auch Banken auf der ganzen Welt, gerieten in Schwierigkeiten, weil Milliardenkredite im Subprime-Markt ausfielen. »Ausfallen« heißt, nicht gedeckt waren, einfach platzten, weil die Kunden kein Geld mehr hatten. Der »Subprime-Markt« ist ein Markt für Kredite mit »nicht optimaler«, sprich schlechter Bonität.

Kredite in den USA werden, anders als bei uns, grundsätzlich variabel verzinst. Und die Höhe der Zinsen richtet sich nach dem Leitzins, der von der Fed festgelegt wird. Die Fed – das ist das Zentralbank-System der Vereinigten Staaten, das allgemein auch *Federal Reserve System* oder schlicht *US-Notenbank* genannt wird.[1]

Nach dem Dotcom-Crash, den Anschlägen des 11. September 2001 und den Unternehmensskandalen, die tiefe Verunsicherung bei den Bürgern und einen Einbruch am Aktienmarkt zur Folge hatten, senkte der damalige Fed-Präsident, Alan Greenspan[2], die US-Leitzinsen insgesamt zwölfmal (!). Mit billigen Krediten wollte er eine höhere Investitionsbereitschaft und mehr Konsum erreichen. Seine Maßnahmen griffen: Die US-Konjunktur brummte, die Beschäftigung und die Löhne stiegen, und ein großer Teil der US-Haushalte verfügte über feste Einkommen. Das führte zu einen wahren »Run« auf den Immobilienmarkt. Viele Amerikaner verwirklichten sich ihren Traum und kauften sich ein Haus oder eine Wohnung – natürlich auf Pump. Sie konnten damit auch noch Steuern sparen. Die Folge: steigende Preise für Wohnungen und Häuser.

Es liegt nicht in der amerikanischen Mentalität, auf Schulden zu achten. Und so störte es niemanden, dass die private Verschuldung im

Durchschnitt auf 125 % stieg. Demnach hatte jede Familie mit einem Jahreseinkommen von 40 000 Dollar nunmehr Schulden in Höhe von 50 000 Dollar.[3]

Für die Immobilienfinanzierer und Banken lohnte sich das Geschäft, denn der Markt für die Subprime-Kredite (subprime mortgages) war besonders rentabel für sie. Verbraucher, deren Kreditwürdigkeit durch niedrige Einkommen gering war, zahlten entsprechend hohe Zinsen und erhielten dafür großzügige Kredite. Insgesamt wurden so rund 780 Milliarden Dollar an zweitklassigen, hochriskanten Häuserhypotheken vergeben.

In der »Endphase« der Spekulationsmanie wurden viele Millionen Hypotheken mit flexiblen Zinsraten, sogenannten »Adjustable Rate Mortgages« (ARM), vergeben. Bei diesen fielen in den ersten Jahren niedrige Zinsen an. Es waren die sogenannten »Lock-Zinsen«, mit denen Kunden angelockt wurden. Noch riskanter waren die »Interest-Only« (IO)-Darlehen, bei denen sogar nur die Zinsen bezahlt werden mussten. Es gab also keine Tilgung der Schulden. ARMs und IOs machen etwa 15 % aller in den USA ausgegebenen hypothekengesicherten Wertpapiere aus.[4]

Die so finanzierten Immobilien gewannen ständig an vorgeblichem Wert, und die Finanzierer betrachteten sie als Sicherheitsleistung bei Zahlungsunfähigkeit. Die Kreditgeber bündelten schließlich ihre Kreditforderungen in Form von Anleihen (mortgage backed securities, kurz: MBS), die von Hedge Fonds, Banken und Versicherungen gehandelt werden können. Diese Bündel werden auch »strukturierte Finanzierungen« genannt. Einem Teil dieser MBS bescheinigten die Ratingagenturen sogar eine »erstklassige« Bonität. Und die eigentlich »zweitklassigen« Anleihen konnten viel höhere Wertzuwächse aufweisen als etwa Staatsanleihen, weswegen viele Investoren ihr Geld darin anlegten. Jetzt gab es kein Halten mehr. Mehr und mehr Banken und Investoren griffen gierig nach den Kreditbündeln, ohne zu wissen, was sie eigentlich kauften. Risikoprämien versüßten das Angebot noch. Denn wenn eine Bank Geld für Hypothekenkredite an US-Banken gab, erhielt sie dafür noch eine Extraprämie.

Dass auch die Deutschen dabei bereits im Jahre 2002 richtig zugriffen, erkannte schon damals die *Financial Times:*

»Das stärkste Engagement im US-Immobilienmarkt hat Deutschland, das für 51 % des ausländischen Investments steht. Deutsche haben 4,9 Milliarden US-Dollar in US-Eigentum investiert, verglichen mit nur 2,7 Milliarden ein Jahr zuvor.« [5]

Zu allem Überfluss waren es dann auch noch die KfW, IKB und verschiedene Landesbanken, die übereinstimmend der Auffassung waren, für die Kreditvergabe an den Mittelstand zunächst für 200 Milliarden Euro amerikanische Hypothekenkredite als Sicherheit zertifizieren zu müssen.[6]

Das ging gut bis zum Jahr 2004. Dann musste die Fed die Leitzinsen wieder sukzessive erhöhen, um einer steigenden Inflationsgefahr entgegenzuwirken. Die Kreditzinsen, die sich am Leitzins orientieren, stiegen dadurch ebenfalls. Und es dauerte nicht lange, da waren die ersten Schuldner nicht mehr in der Lage, die Tilgung der variabel verzinsten Kredite zu leisten, weil die monatlichen Belastungen einfach zu hoch waren.

Doch diese ersten drohenden Gewitterwolken wurden geflissentlich übersehen, weil Banken und Immobilienfinanzierer den Ausfall einiger Subprime-Kredite bereits in ihren hohen Zinsen einkalkuliert hatten. Zudem stellten die von ihnen finanzierten Immobilien ja eine »Sicherheit« dar. Das war ein fataler Irrtum, wie sich bald herausstellen sollte.

Der Immobilienmarkt in den USA bricht zusammen

Noch im Juli 2007 war die Deutsche Bank weltweit der siebtgrößte Anbieter von Subprimes[7], der Hauptteil kam von Lehman Brothers, J. P. Morgan und BNP Paribas.

Allerdings stieg der Leitzins stetig an. Und die Zahl der Ausfall-Kredite erhöhte sich. Immer mehr Immobilien kamen unter den Hammer, wurden also zwangsversteigert. Und so waren die Kredite nicht mehr vollständig durch die Immobilien gedeckt.

Ein Überangebot an Häusern und Wohnungen entstand. Die Preise fielen. Das war folgenschwer, denn die als Sicherheit gedachten Immobilien waren mit Subprime-Krediten finanziert worden und verloren nun wöchentlich an Wert. Immer mehr zwangsversteigerte Immobilien überschwemmten den Markt. Und bei diesem steigenden Angebot fielen die Preise immer weiter. Die Banken mussten den größten Teil der Kredite abschreiben, weil sie nicht mehr bedient wurden, und die Häuser, die eigentlich als »Sicherheit« gedacht waren, verloren dramatisch schnell drastisch an Wert und waren nur noch schwer an einen neuen Käufer zu bringen.

Im Jahr 2008 wurden am US-Immobilienmarkt 2,4 Billionen Dollar vernichtet, und immer mehr Amerikaner verloren ihre Häuser. Heute ist einer von 466 Amerikanern von einer Zwangsversteigerung betroffen. Und das Ende dieser Entwicklung ist nicht abzusehen.

Sollten die Häuserpreise um weitere 5 % fallen, dann werden etwa zehn Millionen (!) Eigentümer ihren Banken mehr schulden, als ihre Immobilie eigentlich wert ist. Bisher ergeht es schon etwa 8,3 Millionen Eigenheimbesitzern so. Rund ein Viertel aller US-Hypothekenschuldner wäre dann in der Situation, dass die Höhe ihres Darlehens den Wert ihres Wohneigentums übersteigen würde.

Für das Jahr 2009 wird mit einer Million Hausversteigerungen gerechnet, und jede Zwangsversteigerung stellt für die Bank einen neuen Verlust dar. Die Folge: Niemand will mehr Anleihen auf Subprime-Kredite kaufen, und Banken und Großinvestoren verlieren Hunderte Millionen Dollar. Auch europäische Banken verbuchen gigantische Verluste. Die Überbewertungen und Fehleinschätzungen der US-Immobilienmärkte löste eine dramatische Vertrauenskrise aus und sorgte für die Austrocknung der Liquidität auf dem Interbankenmarkt.

Viele deutsche Banken, vor allem Landesbanken sowie die KfW und die IKB, hatten nach Mitteln gesucht, ihre eigene Bonität zu erhöhen, und dabei die strukturierten Finanzierungen entdeckt, von denen die US-Hypothekenkredite die beste Bonität boten. Als sich dann herausstellte, dass diese zum Teil nicht mehr eingefordert werden konnten, brach auch der deutsche Interbankenverkehr zusammen. Und deutschen Banken drohte die Insolvenz. Im Klartext: Die Banken trauen sich nun nicht einmal mehr untereinander, weil niemand genau weiß, wie viele Subprime-Kredite im Portfolio einer anderen Bank stecken, die nicht mehr zurückgezahlt werden können. Somit wäre also auch das eigene Geld in Gefahr, würde man dieses einer anderen Bank leihen. Wer gibt einem Bekannten schon gern einen Euro, wenn er nicht weiß, ob er ihn jemals wiedersieht? Da hält jeder sein Geld zusammen. Und so liehen sich die Banken untereinander nichts mehr.

Aber ohne das Geld der Banken funktioniert die Wirtschaft nicht mehr. So wurde alles noch viel schlimmer. Bis die Bundesregierung einschritt und den Banken rund 500 Milliarden Euro garantierte. Damit sollte die Kreditvergabe angekurbelt werden. Zunächst jedoch ohne großen Erfolg.

Schon fragen sich Abertausende von Sparern: Wenn es den Banken so schlecht geht, ist es dann nicht sicherer, wenn ich mein Geld wieder abhebe und unter das Kopfkissen lege? Aber wenn das viele Menschen gleichzeitig tun, dann kann das der Ruin einer Bank bedeuten und die Krise würde sich noch mehr verschärfen. Nur deshalb spannten Bundeskanzlerin Angela Merkel und die Bundesregierung einen Schutzschirm. Das Versprechen lautete: Euer Gespartes auf der Bank ist sicher! Nur dieses Versprechen der Bundesregierung verhinderte zunächst noch den Sturm auf die Banken, deren Pleiten die Folge gewesen wäre – mit katastrophalen finanziellen Verlusten für jeden Einzelnen und der Gefahr schwerer sozialer Unruhen.

Aber es gibt noch lange keine Entwarnung: Durch das Platzen zweifelhafter US-Hypothekenkredite hat sich innerhalb weniger Monate die größte Bedrohung der Weltwirtschaft seit der Depression in den 1930er Jahren entwickelt. Eine globale Schuldenkrise und eine neue Weltwirtschaftskrise sind die Folge: Viele Banken auf der Welt sind schon zusammengebrochen, und Millionen Menschen wurden arbeitslos.

Zudem sollen in den USA gegenwärtig IO- und ARM-Hypotheken (s. o.) im Wert von insgesamt 1,12 Billionen Dollar zum »Reset« anstehen. Damit ist eine neue Welle von Hypotheken-Konkursen vorprogrammiert, die erst Anfang 2012 ihren Höhepunkt erreichen wird, weil die neuen monatlichen Tilgungsraten häufig doppelt so hoch sind wie die bereits bestehenden. Jetzt schon sehen Hunderttausende amerikanische Hausbesitzer keinen anderen Weg mehr, als ihr Haus der Bank zu überlassen.[8]

1.2 Die Weltschuldenkrise

Die ganze Welt spricht gegenwärtig von einer globalen »Finanzkrise«. In Wahrheit handelt es sich aber nicht um eine **Finanz**-, sondern um eine **Schulden**krise. Dies dokumentiert folgende Aufstellung; sie gibt die Schuldenquote verschiedener Länder in % der Wirtschaftsleistung an:

Land/Jahr	1998	2000	2007	2008	2010*	2020*
USA	65	55	63	73	100	136
Japan	113	135	171	206	231	267
Deutschland	62	60	66	66	72	89
Frankreich	70	66	70	67	80	125
Italien	133	122	113	106	112	122
Großbritannien	53	45	47	50	82	136

Tabelle 1: Schuldenquote in % der Wirtschaftsleistung
* Prognosen der Schuldenquote. Quellen: Société Générale; HSBC; Moody's; OECD[9]

Immer mehr Schulden zu machen, um Schulden zu begleichen, ist paradox. Nur durch Strukturreformen, nicht aber durch Derivate, Staatsanleihen und das Verschieben auf die kommenden Generationen, können die Probleme gelöst werden. Aber es herrscht immer noch Hysterie und Panik.

Im Jahr 1980 lag das weltweite Finanzvermögen bei rund 12 Billionen Dollar. Bis 2007 hat es sich auf 196 Billionen Dollar vervielfacht. In dieser Zeit ist das Finanzvermögen dreimal so stark gestiegen wie die gesamte Weltproduktion. Die Vermögensansprüche sind demnach viermal größer als die globale Wirtschaftleistung.

Geld ist also zu einer handelbaren »Ware« geworden und dient nur noch primär als Zahlungsmittel, denn mit Devisen, Krediten und Schulden zu handeln ist längst schon weitaus profitabler geworden als mit althergebrachten Industriegütern.

Das heißt also nicht anderes, als dass eine unvorstellbare Finanzblase aufgebauscht wurde – und diese droht nun vollends zu platzen.

Verluste in Billionenhöhe

Seit der US-Immobilienmarkt einbrach und die Subprime-Krise heraufbeschworen hat, stürzten auch die internationalen Kreditmärkte in rasantem Tempo in die Schieflage: In nur zwölf Monaten verloren viele Unternehmen Milliarden Dollar an Wert. Und Billionen wurden buchstäblich »verbrannt«. Aber auch Banken außerhalb der USA investierten kräftig in die faulen Kredite. Da aber die Subprime-Kredite Teil von verschiedenen Hedge- und Pensionsfonds sind, belastet der sich daraus ergebende Kreditausfall nicht nur amerikanische Banken. Der US-Ökonom Nouriel Roubini beziffert die Einbußen des amerikanischen Finanzsektors aus der Krise auf 3,6 Billionen Dollar. Davon sind bisher weit mehr als 1 Billion Verluste und Abschreibungen aufgelaufen.[10] Der Internationale Währungsfonds schätzt den Wert der Ramschpapiere weltweit auf mehr als drei Billionen Euro.[11]

Beschleunigt wurden die Ereignisse, die zu dieser Weltschuldenkrise führten, durch den damaligen US-Finanzminister Henry Paulson, der im September 2008 entschied, der viertgrößten Investmentbank der Welt, *Lehman Brothers*, staatliche Hilfe zu verweigern und die Bank bankrott gehen zu lassen. Das hatte Auswirkungen auf die ganze Welt. Eine Folge davon war die globale Kreditklemme, die das Investitionsklima verschlechterte, weil sich die Kredite durch den Mangel an liquiden Mitteln spürbar verteuerten.

Auch der deutsche Finanzsektor leidet schwer

Deutschland ist ebenfalls massiv betroffen: Der Deutsche Aktienindex DAX hat in kurzer Zeit rund 35 % eingebüßt. Und die deutschen Banken haben faule Papiere in Milliardenhöhe in ihren Büchern. Daran sind sie selbst schuld, denn es gab und gibt auch hierzulande viel zu viele Fondsmanager, die wirklich große Portfolios unterhalten und nicht die leiseste Ahnung davon haben/hatten, was sie tun. Das Ausmaß ist katastrophal: Wertpapiere, die an privat genutzte Immobilien geknüpft sind, werden gemäß einer Umfrage der Bundesanstalt für Finanzdienstleistungsaufsicht (BaFin) und der Bundesbank mit 101,9 Milliarden Euro beziffert und sind erst zu 28 % abgeschrieben. Die Papiere sind unverkäuflich, weil sie keinen feststellbaren Wert haben. Auch Derivate rund um gewerblich genutzte Immobilien im Wert von 38,8 Milliarden Euro haben die befragten Banken noch bilanziert.[12]

Aber auch die Landesbanken kommen nicht gut weg. Ihre Verschuldung, für die die Eigentümer (sprich die einzelnen Bundesländer) haften, hat ebenfalls dramatische Züge angenommen:

• Bayern LB	100	Mrd.	Euro
• LBBW	ca. 100	Mrd.	Euro
• WestLB	70	Mrd.	Euro
• HSH Nordbank	65	Mrd.	Euro
• NordLB	37	Mrd.	Euro
• LBB Berlin/Brandenburg	20	Mrd.	Euro[13]

Die Landesbanken sollen in ihren Büchern »fragwürdige« Anlagen im Wert von 355 Milliarden Euro haben. 180 Milliarden Euro davon werden als »toxisch« klassifiziert.[14] Insgesamt sollen Deutschlands Finanzinstitute aber etwa 300 Milliarden davon besitzen.[15] Was heißt in diesem Zusammenhang »toxisch«? Dazu befragte der Tagesspiegel *Hans-Peter Burghof*, Bankwirtschafts-Professor an der Uni Hohenheim: *»Das Wort toxisch ist kein Fachbegriff«*, sagt er und erläutert, er würde von *»toxischen Papieren«* sprechen, wenn sie am Markt nur noch zu 40 bis 50 % ihres ursprünglichen Wertes gehandelt werden.

Dann sei das Ausfallrisiko hoch. Burghof weist aber darauf hin, dass auch andere, komplexere Konstrukte toxisch sein können. Dazu gehören stark gehebelte Produkte, etwa Wetten auf die Zinsdifferenz von Staatsanleihen, wo mit kleinen Einsätzen an Eigenkapital große Beträge bewegt werden. Solche Produkte seien oft zu komplex konstruiert, um sie einfach aus der Bilanz auszulagern.[16]

Insgesamt haben die Landesbanken demnach Schulden in Höhe von mehr als 400 Milliarden Euro, für die die Länder haften. Das kann das eine oder andere Bundesland durchaus in die Pleite führen. Kandidat Nummer eins hierfür ist Schleswig-Holstein. Der *SPIEGEL* vermeldete:

»Im Norden der Republik wird inzwischen sogar ein Bankrott des armen Agrarstaats nicht mehr ausgeschlossen. Aber auch stärkere Bundesländer könnten in eine bedrohliche Situation kommen, wenn sich die Abwärtsspirale der Landesbanken weiterdreht.« [17]

Kurz vor der Schließung standen bereits die HSH-Nordbank und die WestLB, die ohne das Geld der jeweiligen Bundesländer bankrott gewesen wären.[18]

Ende Mai 2009 wies die angeschlagene WestLB noch Medienberichte über eine drohende Schließung durch die Bankenaufsicht zurück. Der *SPIEGEL* und *FOCUS* hatten berichtet, dass die Bank Gefahr laufe, die vorgeschriebene Kernkapitalquote von 4 % zu unterschreiten und bei weiteren Verschlechterungen der Ratings im Herbst von der Bankenaufsicht geschlossen zu werden. Einen fahden Beigeschmack hatte jedoch just zu diesem Zeitpunkt der Rücktritt des WestLB-Chefs Heinz Hilgert.[19] Im Juni 2009 drohte die Finanzaufsicht BaFin dann mit der Schließung, doch neue Milliarden wurden in die Bank gepumpt, um die Schließung zu verhindern.[20] Wie lange geht das noch gut?

Alexander Dill erläutert in seinem Buch *Der große Raubzug* zudem, dass Peer Steinbrück, der bis zu seiner Berufung zum Finanzminister die Aufsicht über die WestLB inne hatte, die strukturierten Finanzierungen bekannt waren und der Mann als deren »aktivster Unterstützer gelten« kann.[21]

Sollten die Länder ihren Verpflichtungen gegenüber ihren Landesbanken nicht mehr nachkommen, ist der Bund in der Pflicht, so steht es jedenfalls in der Verfassung. Auch die Situation für andere deutsche Banken ist so katastrophal, dass die deutsche Regierung handeln musste, um den Zusammenbruch des gesamten Bankensystems zu verhindern. Fehlspekulationen mit Hypothekendarlehen verursachten so hohe Verluste, dass wohl einige Finanzinstitute in die Insolvenz getrieben worden wären.

Die deutsche IKB, die 9,2 Milliarden Euro in »komplexen Verbriefungsaktionen« verloren[22] hatte, wurde nur durch Einspringen der staatlichen KfW-Bank gerettet. Diese Rettung geht natürlich zulasten der Steuerzahler.

Kein Wunder also, dass die Große Koalition bereits im Oktober 2008 in nur fünf Tagen das Finanzmarktstabilisierungsgesetz (FMStG) vom 17. Oktober 2008 durch Bundestag und Bundesrat peitschte, das 480 Milliarden Euro Hilfe für angeschlagene deutsche Banken sicherstellte. Der Staat steht nun im Notfall für die Verluste der Spekulanten ein. In Wahrheit haftet jedoch nicht der Staat, sondern der Steuerzahler. Kritiker sprechen von einem »Ermächtigungsgesetz«, das unter Umgehung von Haushaltsordnung und Grundgesetz verabschiedet wurde, da sich die Schulden **außerhalb** des Haushaltsplanes des Bundes bewegen würden.[23]

Das Geld muss wieder fließen

Das Problem liegt in den eingefrorenen Kreditmärkten, die in einer Art Schockstarre verharren, weil sogenannte »Schrottpapiere« oder »toxische Papiere« (s. o.), die die Banken selbst gekauft haben, ihre Bilanzen verstopfen. Diese müssen erst »gesäubert« werden. Die Zeit drängt. Denn ohne das Geld der Banken geht nichts.

Die US-Regierung bietet deshalb interessierten Anlegern unglaublich lukrative Bedingungen, sollten sie künftig Schrottpapiere erwerben: Dann können bis zu 85 % der Kaufsumme durch günstige Regierungskredite finanziert werden, die restlichen 15 % teilen sich der Staat und der Investor je zur Hälfte.

Dazu ein Beispiel: Ein »Schrott-Hypothekenbündel« geht für 100 000 Dollar an einen Investor. 85 000 Dollar erhält dieser als verbilligten Staatskredit, und die Regierung und der Käufer zahlen lediglich je 7500 Dollar in bar. Das größte Risiko trägt also der Staat. So können Großanleger und Hedgefonds-Manager nur gewinnen.
Ed Yardeni, der Chefanalyst der Deutschen Bank in New York dazu: *»Wall Street wird dafür bezahlt, die Liegestühle auf dem Deck der ›Titanic‹ neu zu arrangieren.«* Und der US-Ökonom *Paul Krugman* ergänzt, Obamas Regierung *»glaubt immer noch an die Magie der Finanzmärkte und an das Können ihrer Zauberer, doch die Zauberer waren Betrüger, und ihre Magie bestand in billigen Bühnentricks.«*[24]

Das US-Bankenrettungsprogramm CPP umfasst bisher für 600 Banken Hilfen in Höhe von 199 Milliarden Dollar. Ob das reicht? Das steht in den Sternen. Die Ratingagentur Moody's (s. auch Kapitel 2.3) warnte noch Anfang Juni, den US-Banken könnten bis 2010 noch zusätzliche Verluste in Höhe von bis zu 470 Milliarden Dollar drohen.[25]

Auch *Manfred Weber* vom Bundesverband deutscher Banken gab sich noch vor wenigen Wochen wenig optimistisch, den Geldkreislauf wieder in Gang zu bringen. Ihm zufolge erlebe man derzeit *»einen so scharfen Konjunktureinbruch, dass die Kreditrisiken bei den Banken in den nächsten Quartalen massiv ansteigen werden, was im schlimmsten Fall zu einer allgemeinen Kreditklemme führen könnte«*.[26]

Das Problem ist jedoch ganz pragmatisch: Während der Staat den Banken Hunderte Milliarden als Schutz garantiert, erhält der Privatmann oder Selbstständige keinen Kredit mehr. Auch die Sparkassen, bekannt für »mittelstandsfreundliche« Kreditvergabe, geben weniger Geld: In Nordrhein-Westfalen, Bayern und Sachsen haben sie die Kredite drastisch reduziert.[27] Jetzt schon bekommen viele Unternehmen keine Darlehen für Investitionen mehr: *»In wichtigen Bereichen der Wirtschaft graben sich Finanzierungsprobleme immer tiefer ein«*, heißt es in einer *Umfrage des Deutschen Industrie- und Handelskammertags (DIHK)*. Vor allem Firmen mit mehr als tausend Beschäftigten beklagen sich. Der Anteil großer Unternehmen mit schlechteren Kreditkonditionen stieg von 26 % Anfang 2009 auf 36 % im Juni.[28]

Die Banken sind skeptisch. Denn sie müssen damit rechnen, dass in den kommenden Monaten viele Unternehmen pleitegehen, denen sie Geld geliehen haben. Durch erhöhte Rückzahlungsausfälle würde ihr Eigenkapital weiter schrumpfen. Auch würden sich die Kreditbedingungen für Firmen noch verschärfen. Das ist ein Teufelskreis, der fatal ist und die gesamte Wirtschaft lähmt.

Deshalb hat die Bundesregierung am 19. Juni 2009 ein Bad Bank-Gesetz verabschiedet, das schnell Abhilfe schaffen soll, damit das Geld wieder in Umlauf kommt: Kreditinstitute sollen ihre »faulen« Papiere in eine eigene Badbank ausgliedern, an der sich der Staat beteiligt. Die gesunden Teile der Finanzinstitute sollen im Tausch dafür nicht handelbare Staatsanleihen erhalten. So sollen sich die Banken wieder auf ihr eigentliches Kerngeschäft konzentrieren, nämlich die Verleihung von Geld. Über einen Zeitraum von 15 bis

20 Jahren sollen die faulen Papiere dann abgewickelt und die staatlichen Verluste von der gesunden Bank ersetzt werden. Soweit jedenfalls die Theorie.

Das größte Problem jedoch ist die Bewertung der toxischen Papiere, eine Frage, die heute nicht zu beantworten ist. Zudem glauben Bankeninsider, dass 90 % der Wertpapiere in den Bilanzen zu hoch bewertet sind.[29]

Doch die Banken misstrauen sich untereinander trotz des staatlichen Rettungspaketes[30] noch immer und erschweren den wirtschaftlich dringend benötigten Kreditfluss. Aber ohne ein funktionierendes Finanzsystem bricht die gesamte Wirtschaft irgendwann zusammen.

Ob die Banken ihre Bilanzen wieder in den Griff bekommen, wenn sie sich von Schrottpapieren trennen und das Vertrauen der Märkte wieder zurückgewinnen, ist fraglich.

Vorboten des Untergangs: Die HRE

Die Hypo Real Estate Holding (HRE) ist Deutschlands »kaputteste«[31] Bank und ein Paradebeispiel für Größenwahn und Gier. Die Schwierigkeiten, in denen sich die Bank befindet, sind selbst verschuldet. Im ersten Quartal 2009 schrieb der Münchner Konzern vor Steuern einen Verlust von 406 Millionen Euro nach einem Gewinn von 190 Millionen Euro im Vorjahreszeitraum. Unter dem Strich stand zwischen Januar und März ein Verlust von 382 Millionen Euro.[32]

Im Mai 2009 gelangte ein Brief der staatseigenen *Förderbank KfW* an ihren Verwaltungsrat an die Öffentlichkeit, wonach das *»Kreditmanagement der KfW bei der HRE-Gruppe insgesamt 661,1 Millionen Euro«* betrage. Darüber hinaus halte die KfW *»zusätzlich 531,2 Millionen Euro gedeckte Wertpapiere (Pfandbriefe) und 243 Millionen ungedeckte Wertpapiere der HRE-Gruppe«*.[33] Eine Insolvenz würde die KfW also empfindlich treffen, zudem gehört die HRE mit einem Emissionsvolumen von 45 Milliarden Euro zu den größten Anbietern im Pfandbriefgeschäft. Diese lagern bei fast allen deutschen Banken, Sparkassen und Versicherungen.[34]

Aber am Milliardengrab Hypo Real Estate (HRE) hängen auch Lebensversicherungen. Die Bank gab Bankanleihen und Pfandbriefe heraus, in die die Versicherer investierten. Der Zusammenbruch der HRE wäre deshalb ein Super-GAU für die privaten Renten, mutmaßen jedenfalls Experten.

Der *Gesamtverband der deutschen Versicherungswirtschaft e.V.* (GDV) wiegelte noch im April 2009 gegenüber der Sendung *Monitor* ab: Nur ein kleiner Teil der Versichertengelder würde in Aktien stecken. Das meiste in Pfandbriefen und Bankanleihen. Und die seien unproblematisch. Begründung: *»Bankanleihen sind aus Sicht der Versicherungen sicher. Die Bundesregierung hat im Herbst 2008 einen Rettungsfonds über 480 Milliarden Euro zur Verfügung gestellt.«* [35]

Monitor dazu:

»Also nur weil der Staat die Banken stützt, sind die Anlagen der Versicherer sicher? Für den Steuerzahler ein teures Geschäft. Erst haben die Versicherten die Riester-Rente mit Beiträgen und staatlichen Zuschüssen finanziert. Jetzt kann so manche Versicherung die versprochenen Renten möglicherweise nur noch garantieren, weil ihre Bankanleihen über den Rettungsschirm abgesichert sind. Der Versicherte wird eigentlich dreimal zur Kasse gebeten. Einmal als Beitragszahler, einmal als Steuerzahler für die staatlichen Zuschüsse, und jetzt haftet er mit seinen Steuergeldern auch noch für den Rettungsschirm und damit für die private Vorsorge.« [36]

Die HRE mit einer Bilanzsumme von 400 Milliarden Euro ist also eine »systemrelevante« Bank. Ihr Bankrott hätte dramatische Folgen für die Altersversorgung von Millionen Bürgern. Bankenexperte *Wolfgang Gerke: »Es sind eben auch die riesigen Vermögen der Pensionskassen. Das geht hin bis zu Versorgungseinrichtungen von Zahnärzten, von anderen Berufsgruppen, und es sind die Lebensversicherer.«* Und Anlageberater *Thomas J. Neumann*, Geschäftsführer der *bestadvice* in München ergänzt, es gehe um 55 Milliarden Euro, die Versicherungen der Bank geliehen haben, ohne Sicherheiten dafür zu bekommen. *»Denn die 55 Milliarden sind ja auch zum großen Teil im Deckungsstock der Überschussbeteiligungen, und das hätte dann auch dramatische Auswirkungen für jeden Einzelnen. Er muss mit weiter sinkenden Überschüssen rechnen, für seine Altersversorgung oder für seinen Immobilientilgungssatz.«* [37]

Insgesamt haben Bürger und Versicherungen rund 100 Milliarden Euro an Pfandbriefen bei der HRE angelegt. Der Immobilienfinanzierer beherrscht große Teile des deutschen Pfandbriefmarktes. Louis Hagen, der Hauptgeschäftsführer vom Verband der deutschen Pfandbriefbanken, hält diese jedoch für sicher, weil der Pfandbriefanleger als Sicherheit seiner Forderung die im Deckungsregister eingetragenen Grundschulden hat.

Das hört sich in der Theorie tatsächlich sicher an. Ganz anderer Meinung hingegen ist der Bankenrechtler *Klaus Kratzer*, der die HRE verklagt, weil ein von der HRE festgestellter Beleihungswert über 100 % zu hoch war. Nicht sein erster Fall. Im Falle einer Insolvenz hätte das dramatische Auswirkungen, meint Kratzer:
»Da machen wir uns in der Tat große Sorgen, denn die Erfahrungen aus den Verwertungen der letzten 10 Jahre, insbesondere der Immobilien in den östlichen Bundesländern, zeigt eben, dass hier im Durchschnitt nur ca. ein Viertel bis ein Fünftel des ursprünglichen Wertes realisiert werden kann. Das heißt, bis zu 80 % der jeweiligen Hypothek sind wertlos. Das bedeutet, dass die Erlöse hier keinesfalls ausreichen würden, um Pfandbriefgläubiger zu befriedigen.« [38]

So können sich weder der Staat noch die Bürger eine Pleite der HRE leisten, denn die Altersvorsorge von Millionen Sparern wäre damit gefährdet, ebenso könnte der Finanzmarkt zusammenbrechen und einige Versicherungen in Zahlungsschwierigkeiten bringen.

Doch die HRE erweist sich als Fass ohne Boden: Knapp 100 Milliarden Euro sind bisher an »Liquiditätshilfen« geflossen.[39] Sehr viel Geld, so viel, dass der Staat sogar eingriff und zum ersten Mal in der Geschichte der Bundesrepublik eine Bank »zwangsverstaatlichte«.

Die Krisenbank gab am 8. Juni 2009 bekannt, dass der Finanzmarktstabilisierungsfonds SoFFin nun 90 % der HRE-Aktien hält. Der SoFFin hatte rund 986,5 Millionen Aktien aus einer Kapitalerhöhung gezeichnet, die die außerordentliche Hauptversammlung der Gesellschaft am 2. Juni 2009 beschlossen hatte. Nun beträgt das Grundkapital 3 652 885 800 Euro, das sich in 1 217 628 600 Stückaktien aufteilt. Der HRE sind aus dieser Kapitalerhöhung rund 2,96 Milliarden Euro zugeflossen. Doch damit nicht genug: Der Vorstandsvorsitzende der HRE, *Dr. Axel Wieandt* sagte: *»Die Hypo Real Estate benötigt auch nach dieser Kapitalerhöhung weitere Kapitalunterstützung. Wir gehen mindestens für die Geschäftsjahre 2009 und 2010 von einer Verlustsituation aus.«* Auch die Zukunft der vom Steuerzahler geretteten Bank sieht Wieandt nicht gerade positiv: *»Die Entwicklungen im Bereich gewerbliche Immobilien verfolgen wir mit großer Sorge.«* [40] Wehe der Versicherung, die »sichere« HRE-Anleihen gezeichnet hat.

Eine geheime »BaFin-Liste« wirbelt Staub auf

Die Stimmung unter Banken und Bürgern ist noch immer getrübt, tägliche Schreckensmeldungen über neue Verluste und Abschreibungen fördern nicht gerade das Vertrauen. Und dann auch noch ein weiterer Paukenschlag: Ende April 2009 gelangte eine interne Aufstellung[41] der Finanzaufsicht BaFin ans Licht der Öffentlichkeit. Die »BaFin-Liste« ist ein vormals geheimes Papier der deutschen Finanzaufsichtsbehörde. Und darin wird aufgelistet, welche Banken seit 2007 welche Risiken haben.[42] Die Liste beziffert das Volumen der von der Krise betroffenen Wertpapiere und Kredite auf 816 Milliarden Euro,[43] während die von der Bundesregierung veröffentlichte **Schätzung** die Risiken auf »nur« 300 Milliarden Euro begrenzt.[44] Das ist also eine Differenz von knapp 500 Milliarden (!) Euro – eine halbe Billion Euro. Warum wird hier Augenwischerei betrieben?

Natürlich mussten Finanzminister Peer Steinbrück und Bundesbankpräsident Axel Weber die Bürger beruhigen. Man ließ verlauten, die Liste lasse keine Rückschlüsse auf eventuelle Risiken, Verluste oder gar die Bonität der aufgeführten Kreditinstitute zu.[45] Aber warum schaltet die BaFin dann die Staatsanwaltschaft wegen des Geheimnisverrats ein? Und warum gibt es die Liste dann überhaupt? Wollte Finanzminister Steinbrück den Bürgern nur die halbe Wahrheit sagen oder sie beruhigen, um nicht noch mehr Panik zu schüren?

Die Krise nährt also die Krise: Kreditausfälle und Risiken steigen ebenso wie Abschreibungen und Verluste. Und es wird wohl auf Jahre hinaus Billionendefizite geben.

1.3 Die neue Weltwirtschaftskrise

Der Motor der Weltwirtschaft stottert. Besonders betroffen sind die Exportnationen und die Länder der Dritten Welt. Nach Ausbruch der Subprime-Krise wurden im Oktober 2008 auf den internationalen Aktienmärkten etwa zwölf Billionen Dollar[46] »verbrannt«. Die Vernichtung dieser Geldsumme hatte einen dramatischen Einfluss auf die weltweite Realökonomie und beeinträchtigte massiv die Produktion von Industriegütern und Dienstleistungen. Die Industrieproduktion ist weltweit um über 10 % eingebrochen und könnte sich, Schätzungen der Weltbank zufolge, noch auf minus 15 % erhöhen.[47] Der Welthandel brach um beinahe 20 % ein. Und die internationalen Aktienmärkte verzeichneten an ihrem Tiefpunkt einen Verlust von mehr als 50 %.[48] Durch die weltweite Börsenkapitalisierung wurden zudem seit Juli 2008 17,4 Billionen Dollar »vernichtet«[49]. Und die Gütertransporte gingen – im Vergleich zum Vorjahr – um 42,6 % zurück.[50]

Die Weltwirtschaftskrise trifft jedes Land, jede Branche, jeden Sektor und (fast) jedes Unternehmen. Am schlimmsten allerdings die Länder der Dritten Welt. Ein Beispiel: Afrikas Aktienmärkte fielen im Schnitt um 40 %. Den schwächsten Ländern droht in den nächsten zwei Jahren eine Finanzierungslücke von 270 Milliarden Dollar, die bis auf 700 Milliarden anwachsen könnte, so die Prognosen. Kenia und Ghana verschoben bereits die Ausgabe von Staatsanleihen im Wert von über 800 Millionen Dollar und verhinderten damit den dringenden Bau von wichtigen Straßen und Erdgasleitungen.[51] Die Mehrzahl der Entwicklungsländer wird nicht in der Lage sein, sich selbst zu helfen und eigene Konjunkturprogramme aufzulegen.

Deutschland tief in der Krise

Eigentlich war es das erklärte Ziel der Großen Koalition, bis zum Jahr 2011 einen ausgeglichenen Haushalt zu haben oder aber zumindest keine neuen Schulden mehr aufnehmen zu müssen. Die Weltwirtschaftskrise hat diesem ehrgeizigen Ziel einen drastischen Dämpfer verpasst. Belief sich die Nettokreditaufnahme des Bundes im Jahr

2008 noch auf 11,5 Milliarden Euro, soll sie sich 2009 auf etwa 50 Milliarden erhöhen und im Jahr 2010 gar auf 80 Milliarden, so vorsichtige Schätzungen des Bundesministeriums für Finanzen.[52] Im April 2009 brachen die deutschen Exporte gegenüber dem Vorjahresmonat um 28,7 % ein, so stark wie noch nie seit dem Beginn der Aufzeichnungen im Jahr 1950.[53]

Und auch die Gutachten der Institute geben keinen Anlass für großen Optimismus. Demnach gehen die Konsumausgaben weiter zurück, und die Wirtschaft schrumpft. Die Konjunktur könnte gar um 6 %[54] gegenüber dem Vorjahr einbrechen, das Staatsdefizit soll in diesem Jahr bei minus 3,7 % und 2010 gar bei minus 5,5 % liegen.[55] Die Konsumausgaben könnten im Jahr 2010 auf minus 16,7 Milliarden gegenüber dem Vorjahr sinken. Und die Arbeitslosigkeit könnte sich auf 4,7 Millionen Erwerbslose im Jahresdurchschnitt erhöhen. Auch die Einkommen sollen um rund 41,1 Milliarden Euro gegenüber dem Vorjahr schrumpfen.[56]

Jetzt schon haben die deutschen Privathaushalte etwa 50 Milliarden Euro Vermögen verloren, schätzt der Ökonom Hans-Werner Sinn, 3 Billionen Euro werden die Banken weltweit abschreiben müssen und 50 Millionen Jobs sind bis Jahresende verschwunden.[57]

Die Auswirkungen auf den sozialen Frieden könnten verheerend sein. Nicht umsonst warnte *Bundespräsident Horst Köhler* in seiner Rede in der Berliner Elisabethkirche im März dieses Jahres davor, dass diese Krise eine *»Bewährungsprobe für die Demokratie«* sei.[58] Und der Wirtschaftsrat konstatiert ernüchtert, das die Wirtschaftskrise *»unseren gesellschaftlichen Zusammenhalt vor eine Zerreißprobe«* stelle.[59] Auch *EU-Kommissionspräsident José Manuel Barroso* sinnierte angesichts von drohenden 8,5 Millionen **mehr** Arbeitslosen in der EU: *»Auf der Grundlage eines sozialen Zusammenbruchs kann es keine wirtschaftliche Erholung geben.«* [60]

Gemäß einer Umfrage des Marktforschungsunternehmens GfK vom Mai 2009 fürchtet jetzt fast ein Drittel der Deutschen, im Zuge der Wirtschaftskrise viel zu verlieren und den sozialen Status einzubüßen.[61] Denn eine sichere Rente, ein sicherer Arbeitsplatz oder jahrelanges Arbeitslosengeld sind heute keine Selbstverständlichkeit mehr. Wehe, wenn diese Unzufriedenen auf die Barrikaden gehen – wie in England, Frankreich oder Lettland schon geschehen. In Frankreich und in anderen Ländern hat es inzwischen Übergriffe gegen Firmenchefs und »Bankster« gegeben. Aufgebrachte Arbeiter haben Manager als Geiseln genommen. *Berthold Vogel* vom Hamburger Institut für Sozialforschung gibt sich besorgt: *»Wenn viele Menschen ihren Abstieg fürchten, kann das eine Menge Konflikte schüren.«* [62]

Experten schätzen, dass die weltweite Rezession noch mindestens zwei Jahre andauern wird. Millionen Menschen in allen Teilen der Welt werden ihre Arbeit verlieren, und die Gefahr, dass soziale Spannungen und politische Konflikte ausbrechen, wird dramatisch zunehmen.

1.4 Können Staaten pleitegehen?

Banken können bankrottgehen, Versicherungen können pleitegehen, aber viele Bürger fragen sich: Können denn auch ganze Staaten pleitegehen? Dazu hat sich Bundeskanzlerin *Angela Merkel* im Januar 2009 in Frankfurt am Main auf einer Veranstaltung der Privatbank Metzler unmissverständlich und sehr deutlich geäußert: *»Es gibt das Gerücht, dass Staaten nicht pleitegehen können. Dieses Gerücht stimmt nicht.«* [63] Die Bundeskanzlerin weiß, wovon sie spricht. Es gibt einige Beispiele aus jüngster Zeit, sogar aus dem Euro-Raum:

- **Ungarn:** Ist von der Finanzkrise besonders bedroht, denn es ist seit längerem hoch verschuldet (67 % des Bruttoinlandsproduktes) und konjunkturelles Schlusslicht in Europa. Das Land war nicht mehr kreditwürdig und de facto bankrott. Die Währung Forint wurde immer mehr abgewertet. Internationale Investoren zogen daraufhin ihr Kapital ab, und der Markt für ungarische Staatsanleihen brach zeitweise ganz zusammen. Die ungarischen Banken waren gezwungen, die Ausgabe von Devisenkrediten zu stoppen, und die Bürger brachten ihre Spareinlagen bei ausländischen Banken in Sicherheit. Nur massive Kredite des Internationalen Währungsfonds verhinderten Schlimmeres.[64]
- **Island:** Nach Ungarn wäre Island ebenfalls pleite, wenn der IWF nicht eingegriffen hätte. Bereits am 19. November letzten Jahres genehmigte er einen 2,1-Milliarden-Dollar-Kredit, nachdem die Währung und große Banken in dem Inselstaat zusammengebrochen waren.[65]
- **Rumänien:** Ist als dritter europäischer Staat bankrott. Nur EU-Mitgliedsländer und die Gelder des IWF konnten den Staat noch retten.[66]

Nächste Kandidaten könnten sein:

- **Italien:** Hat den höchsten Schuldenberg der gesamten EU und Schwierigkeiten, seine Anleihen zu verkaufen. Jetzt schon werden hohe Risikoaufschläge dafür angeboten. Mit 106 (!) % des Bruttoinlandsprodukts verzeichnet Italien das drittgrößte öffentliche Defizit der Welt.

Noch in diesem Jahr werden Staatsanleihen mit kurzen Laufzeiten im Wert von 220 Milliarden Euro fällig. Sollte eine Emission (also das »Auf-den-Markt-bringen« von Anleihen) fehlschlagen bzw. würden diese nicht verkauft werden können, dann hätte das katastrophale Auswirkungen.

- **Großbritannien:** Wird bereits »Island an der Themse« genannt, da das britische Pfund immer mehr an Wert verliert und durch die Währungsschwäche der Verlust der »Top-Bonität« blüht. Zudem sind die Immobilien überbewertet und die privaten Haushalte hoch verschuldet. Im Mai dieses Jahres kam es bereits zu ersten Problemen bei der Staatsfinanzierung: Bei der Auktion 40-jähriger Staatsanleihen betrug die Nachfrage nur 93 %, obwohl solche Auktionen normalerweise deutlich überzeichnet sind. Das erste Mal seit 1995 fanden britische Staatsanleihen nicht genügend Käufer.[67]
- **Irland:** Lockt Investoren mit 2,5 Prozentpunkten höheren Zinsen als Deutschland, um überhaupt noch an Geld zu kommen. Das Haushaltsdefizit wird dennoch vermutlich bis 2010 auf 13 % des Bruttoinlandprodukts steigen.[68]

Staaten können also durchaus pleitegehen, wenn sie ihre Zinsen nicht mehr bezahlen können. Dann wird keiner mehr Anleihen dieses Landes kaufen, und es ist bankrott, denn mit diesen Anleihen finanziert der betreffende Staat seine Schulden.

Steht die EU vor der Zahlungsunfähigkeit?

Die EU geht davon aus, dass Rumänien ein Kredit von 15 Milliarden Euro ausreicht, um einen drohenden Staatsbankrott abzuwenden. Ungarn erhielt bereits eine Finanzspritze von 6,5 Milliarden Euro und Lettland 3,1 Milliarden. Aber langsam werden die EU-Reserven knapp, die sich ehemals auf 25 Milliarden Euro beliefen.

EU-Währungskommissar Joaquin Almunia warnt bereits vor dem Schlimmsten, denn auch die tschechische Krone steht massiv unter Druck. Demnach könnte Tschechien das nächste Land sein, das pleite ist. Finanzexperten machen sich aber auch große Sorgen, dass andere Länder wie Österreich, Irland oder Griechenland ebenfalls zahlungsunfähig werden könnten. So wappnet sich die EU gegen mögliche Staatsbankrotte in einzelnen Mitgliedsländern.

Zwar gebe es keinerlei Hinweise, dass ein Euroland direkt vor der Zahlungsunfähigkeit steht, beruhigte EU-Kommissar Almunia. Sollte es dennoch dazu kommen, »gibt es eine Lösung«. Liest man zwischen den Zeilen, dann ist die Gefahr einer Zahlungsunfähigkeit also höher, als man offiziell zugeben möchte.[69] Offenbar ist derzeit jedoch nicht geplant, dass die Euroländer gemeinsame Staatsanleihen herausgeben, um Mitgliedsstaaten mit Zahlungsproblemen zu helfen. Die Bundesrepublik Deutschland lehnt dies ab, denn das würde bis zu 3 Milliarden Euro zusätzliche Steuergelder kosten. Und das im Wahljahr einem Volk zu verkaufen, das beim EU-Beitritt schlicht übergangen wurde und seither als Melk-Kuh für andere Euroländer dient, das dürfte auch dem ausgebufftesten Politiker eine Nummer zu heiß sein.

Staatsanleihen sind »sicher«!?

Staaten geben Anleihen heraus, um mit dem Geld, das sie einnehmen, ihre Schulden bezahlen zu können. Derjenige, der eine Anleihe kauft, diesem Staat also einen quasi »Kredit« gibt, wird mit Zinsen belohnt.

Die Entschuldung funktioniert normalerweise so, dass der Staat die Anleihe zurückbezahlt und die Schulden damit tilgt. Das ist in der Theorie so, denn die meisten Staaten tilgen nicht, sondern erneuern ihre Schulden, indem sie jedes Jahr zusätzlich neue »draufpacken«, sprich neue Anleihen herausgeben. Die Zinslast erhöht sich dann kontinuierlich. Allein Deutschland zahlt dafür jährlich 43 Milliarden Euro an Zinsen.

Auch für Laien ist dabei gut erkennbar: Je höher die Rendite von Staatsanleihen, desto dringender benötigt ein Staat das Geld. Hier einige Beispiele von Zinsen 10-jähriger Staatsanleihen:

- Lettland 11,17 %
- Venezuela 11,13 %
- Brasilien 11,00 %

• Litauen	10,65 %[70]
• Bulgarien	7,5 %
• Mexiko	7,5 %
• Griechenland	6,0 %
• Irland	5,7 %
• Italien	4,7 %
• Portugal	4,7 %
• Spanien	4,3 %
• Frankreich	3,7 %
• Deutschland	3,1 %[71]

US-Staatsanleihen

In den letzten 30 Jahren investierten ausländische Zentralbanken – wie etwa Saudi Arabien, Japan und China – ihre Handelsüberschüsse in amerikanische Staatsanleihen und Schuldverschreibungen.[72] Das könnte sich aber schnell ändern, denn die Kreditwürdigkeit der Vereinigten Staaten scheint bedroht, wenn das auch noch niemand richtig wahrhaben will. Noch vor einem Jahr hätte man dies wohl als Witz verstanden. Aber urteilen Sie selbst:

Ben Bernanke, der Chef der amerikanischen Notenbank Fed, warf weitere 1,2 Billionen Dollar auf den Markt, um die Finanzkrise zu bekämpfen. 375 Milliarden Dollar des neuen Liquiditätspaketes sollten für den Kauf von US-Staatsbonds aufgebracht werden, 825 Milliarden Dollar fließen in Hypothekenpapiere. Da diese riesige Geldsumme aber nicht zur Verfügung steht, wird sie gedruckt. Einen Gegenwert gibt es nicht. Viele Anleger fürchten daher um die Entwertung ihres Vermögens.

- Die Lage ist sogar so verzweifelt, dass die US-Notenbank Staatsanleihen kaufen will, was bedeutet, sie finanziert selbst die öffentlichen Schulden. Der Staat nimmt also quasi bei sich selbst Kredit auf. Die Bilanzsumme der Fed betrug im August 2007 knapp eine Billion Dollar. Durch die jüngsten Schritte könnte sie sogar auf das Fünffache, also auf rund fünf Billionen anwachsen. Dadurch wird die Geldmenge um ganze 9 (!) % der gesamten US-Wirtschaftsleistung eines Jahres ausgeweitet, ohne dass ein konkreter Gegenwert besteht. Schon ein Ökonomiestudent lernt im Grundstudium: Wenn mehr Geld in Umlauf gebracht wird, die Zahl der Dienstleistungen und Waren aber gleich bleibt, müssen zwangsläufig die Preise steigen. Allerdings besteht diese Gefahr erst dann, wenn die neue Liquidität über das aus dem Nichts erschaffene Geld den Konsumkreislauf erreicht. Solange die Wirtschaftsaussichten trübe bleiben, ist keine Teuerung zu erwarten. Denn Banken werden sich mit der Kreditvergabe zurückhalten und Verbraucher mehr sparen. Ob dies allerdings in den USA genauso sein wird, ist fraglich, denn die Sparquote in den USA ist traditionell nur etwa halb so hoch wie in der EU.

- Geht es jedoch mit der Wirtschaft wieder aufwärts, dann kann die Geldblase Probleme bringen. Denn die Notenbank sollte das zu viel geschaffene Geld wieder vom Markt nehmen. Das aber wird nicht so einfach sein, denn dann verlieren auch die von der Fed angekauften Staatsanleihen drastisch an Wert. Und Anleger schichten ihr Geld wieder in Aktien um. Will die Notenbank der Wirtschaft jedoch Liquidität entziehen, dann muss sie die Anleihen verkaufen, wobei aber die Differenz zwischen dem höheren Ankaufs- und dem niedrigeren Verkaufspreis im System bleibt. Die Folge: Inflation. Eine massive Umbewertung von Realinvestments und Geldanlagen wäre die Folge: Sparguthaben, Fest- und Tagesgeld sowie Anleihen würden im Wert fallen, Immobilien und Gold aber stabil bleiben. Der Wert von Grundstücken, Maschinen und Gebäuden würde hingegen steigen.
- Nach Kalifornien war dann auch ein zweiter US-Bundesstaat zahlungsunfähig – Kansas.[73]
- Das Haushaltsdefizit der USA ist bereits so hoch wie während des Zweiten Weltkriegs – und bereits Ende 2008 haben die Amerikaner etwa 480 Milliarden Dollar mehr ausgegeben als eingenommen. Die gesamten US-Staatseinnahmen werden jetzt schon von den Sozialprogrammen, der Verteidigung, den Gesundheitskosten und den Zinsen aufgefressen. **Alles** andere muss bereits über Schulden finanziert werden, die neu aufgenommen werden.[74] Dazu kommt, dass die Wirtschaft immer mehr schrumpft und die Arbeitslosigkeit zunimmt. Für das laufende Jahr wird ein Defizit von über 1,2 Billionen Dollar

erwartet. Hinzu kommen weitere Belastungen der Rezession, steigende Kosten für die Sozialleistungen und die vielen Reformprogramme, die Barack Obama noch durchsetzen will – und die Staatskasse um ein Vielfaches belasten werden.

- Da es in den USA keine umlagefinanzierte gesetzliche Rentenversicherung gibt, zahlen die meisten US-Bürger in Pensionsfonds ein. Etwa 20 Billionen (!) Dollar warten darauf, an US-Pensionäre ausbezahlt zu werden.[75] Woher nehmen?
- Auch Barack Obamas großzügige Finanzhilfe überzeugt Kritiker nicht. *Joseph Stiglitz*, Professor an der Columbia-Universität: *»Das nenne ich amerikanischen Sozialismus, du sozialisierst die Verluste und privatisierst die Gewinne.«* [76]
- Was viele nicht wissen: Das Wohl der USA hängt von den Chinesen ab. Denn Amerika lebt davon, dass die Volksrepublik einen großen Teil ihrer Währungsreserven in US-Staatsanleihen investiert. Die Chinesen besitzen die größten Dollar-Reserven außerhalb der USA: über eine Billion Dollar. Das könnte sich allerdings bald ändern, denn China braucht das Geld im Zuge der Wirtschaftskrise nun selbst, d. h. die Käuferschar für US-Staatsanleihen wird vorübergehend kleiner. Durch die Inflation muss die Volksrepublik zusätzlich mit ansehen, wie ihre Währungsreserven, die sie in US-Staatsanleihen investiert haben, immer mehr an Wert verlieren. Denn jeder Dollar, den die US-Regierung zusätzlich in ihre Wirtschaft pumpt, entwertet die chinesischen Vorräte an Dollars. Folgerichtig suchen die Chinesen einen Weg, sich so schnell wie möglich von den amerikanischen Anleihen zu trennen, was drastische Auswirkungen haben dürfte.
- Die offizielle Staatsverschuldung der USA betrug im April 2009 etwas mehr als 11 Billionen Dollar.
- Die US-Regierung hat mittlerweile 14 Billionen Dollar garantiert, zugesagt oder geliehen, um das Finanzsystem zu stabilisieren.
- Die Vermögensverluste der privaten Haushalte betrugen im Jahr 2008 12,9 Billionen Dollar.
- Die Preise 30-jähriger US-Staatsanleihen sind schon um 19 Punkte gefallen.
- Die Zinsen 10-jähriger US-Staatsanleihen sind, von ihrem Tief an gerechnet, um 47 % gestiegen.

- Die Preise für Versicherungen gegen das Ausfallrisiko von US-Staatsanleihen sind gegenüber 2007 um das 14-Fache (!) gestiegen.[77]
- Sollte die US-Regierung die Zinsen ihrer Schulden durch immer neue Staatsanleihen finanzieren, stößt sie dann an ihre Grenze, wenn die US-Notenbank die Zinsen auf 0,5 % senkt. Dann würden keine ausländischen Anleger mehr US-Staatsanleihen zeichnen. Was dies bedeutet, ist klar: Die Anleihen laufen aus und werden fällig – das würde den Staatsbankrott der USA bedeuten, denn ohne neues Geld kann sie die Schulden aus den Anleihen nicht zurückzahlen.[78]

Martin Weiss, Autor bei **goldseiten.de** nennt die Gründe für die prekäre Lage der Amerikaner: *»Weil die US-Regierung das Verlustrisiko maroder Finanzdienstleister übernimmt und mehr oder weniger wertlose Anleihen kauft. Weil die Staatsfinanzen eine drastische Verschlechterung erfahren und eine Umkehr immer unwahrscheinlicher wird. Selbst mit den sehr optimistischen Ausnahmen der offiziellen Haushaltsplanung durch das Congressional Budget Office ergibt sich für 2009 ein US-Haushaltsdefizit von 1,85 Billionen Dollar oder 13,1 % des Bruttoinlandsprodukts. Das ist die höchste Verschuldung seit den 1940er Jahren, als Amerika die Kriegsfinanzierung stemmen musste.«* [79]
Würden Sie so einem Staat noch einen Kredit geben, sprich seine Staatsanleihen kaufen?

Deutsche Staatsanleihen

Die Staatsschuld der Bundesrepublik Deutschland wird sich von 117,5 Milliarden Euro im Jahr 1980 auf etwa 2 Billionen im Jahr 2009 erhöhen.[80] Im vergangenen Jahr betrug die Staatsverschuldung etwas mehr als 1,5 Billionen Euro.

Selbst die Deutsche Bank verzeichnete im Geschäftsjahr 2008 einen Verlust nach Steuern von 3,9 Milliarden Euro und einen Verlust vor Steuern von 5,7 Milliarden,[81] so viel wie niemals zuvor.

Staatsanleihen werden herausgegeben, um die Schulden mit »Fremdkapital« zu tilgen. Aber irgendwann ist Zahltag, und die Gläubiger wollen ihr Geld samt Zinsen zurück. Um die Zinslast der auslaufenden Anleihen bewältigen zu können, werden immer wieder neue Anleihen aufgelegt. Es ist dasselbe Muster wie bei einem Schneeballsystem.

Dennoch gilt Deutschland bisher als einer der sichersten Schuldner der Welt. Durch die Finanzkrise ist jedoch ein Paradoxon aufgetreten: Die Banken, die bisher die deutschen Staatsanleihen übernahmen, erhalten nun selbst staatliche Hilfe aus den durch die Staatsanleihen gewonnenen Mitteln. Sie werden also selbst zu direkten Kapitalempfängern. Weltweit erhalten die Hauptabnehmer-Banken[82] deutscher Staatsanleihen rund 700 Milliarden Euro Hilfe des jeweiligen Landes. Kann das auf Dauer gut gehen?

Thilo Sarrazin, der seit Mai 2009 Vorstand der Deutschen Bundesbank ist, rät Bürgern vorsorglich schon einmal davon ab, Geld langfristig in deutsche Staatsanleihen zu investieren. In der n-tv-Fernsehsendung Agenda 09, die am 20. April 2009 ausgestrahlt wurde, sagte Sarrazin, er empfehle seinen Freunden zwar derzeit noch Staatsanleihen, aber nur jene mit einer Laufzeit von unter fünf Jahren. Er begründete seine Aussage mit der ungewissen Zukunft der internationalen Finanzmärkte.[83]

Die Bilanzsumme der nationalen Banken (ohne ausländische Banken) der USA beträgt 10,6 Billionen Euro und die von Deutschland 8 Billionen. Bei einem angenommenen Ausfall in Höhe von **nur** 15 % der Bank-Bilanzsummen würde sich demnach für die USA ein Abschreibungsbedarf von 1,6 Billionen und für Deutschland von 1,2 Billionen Euro ergeben. Dies hätte fatale Folgen, wenn die öffentliche Hand die Risiken schuldenwirksam übernähme: Die Staatsverschuldung in den USA würde um 22 % und die von Deutschland gar um 75 (!) % steigen![84]

1.5 Droht der deutsche Staatsbankrott?

Diese Frage ist eigentlich blasphemisch und dürfte so nie gestellt werden. In Zeiten der Weltschuldenkrise ist es legitim, sie dennoch zu stellen, wenn auch (zunächst) nur hypothetisch. Denn unbemerkt von der Öffentlichkeit stellt sich die *Bundesregierung* auf einen massiven Anstieg der Inflation ab Januar 2010 ein. Bereits im März dieses Jahres bereitete sie deshalb einen *Gesetzentwurf »zur Errichtung eines Sondervermögens ›Vorsorge für Schlusszahlungen für inflationsindexierte Bundeswertpapiere‹«* vor, weil ein *»Regelungsbedarf zur Vermeidung künftiger hoher Einmalbelastungen des Bundeshaushalts aus Schlusszahlungen«* für diese Papiere besteht.[85] Was sich so technokratisch anhört, ist einfacher zu erklären: Die Regierung rechnet ab Januar 2010 mit einer Hyperinflation.

»Hyperinflation« ist eine Inflation, bei der sich das Preisniveau sehr schnell erhöht. Zwar gibt es keine allgemeine Definition, aber eine Faustregel besagt, eine Hyperinflation ist ab einer Inflationsrate von 50 % im Monat gegeben. Viele Hyperinflationen in der Geschichte endeten mit einer Währungsreform.

Wie ist diese Sorge begründet? Im Jahre 2006 hatte der Bund erstmals eine inflationsindexierte 10-jährige Bundesanleihe herausgegeben. Die Haushaltsplanung berücksichtigte bisher aber nur die Kuponzahlungen auf diese Anleihe, nicht aber die Schlusszahlungen. Die Höhe der Kreditaufnahme für diese Zahlungen wurde erheblich zu gering angesetzt. *»Eine vorausschauende und nachhaltige Finanzpolitik erfordert eine Vorsorge für solche in der Zukunft mit Sicherheit entstehenden kassenwirksamen Ausgaben aus der Kreditaufnahme«*, heißt es im Gesetzentwurf weiter. Daher soll nun das »Sondervermögen« errichtet werden, um Vorsorge für die Schlusszahlungen dieser Wertpapiere zu treffen. Offensichtlich befürchtet die Bundesregierung ohne diese gesetzliche Stütze die finanzielle Zahlungsunfähigkeit – also den Staatsbankrott.[86]

1.6 Ausblick

Robert M. Solow, Wirtschaftsnobelpreisträger 1987, sieht eine Lösung der Krise nur darin, eine *»weltweit einheitliche Finanzpolitik« zu gestalten, »ohne Ausnahme und Trittbrettfahrer«.*[87] Harold James, Wirtschaftshistoriker in Princeton, setzt auf die Stärkung des Internationalen Währungsfonds (IWF): *»Die schlüssigste Lösung ist, die Ressourcen des IWF auszuweiten, der damit in die Lage versetzt wird, Stabilisierungsprogramme und Reformpakete zu realisieren.«* [88]

Joseph Stiglitz, Wirtschaftsnobelpreisträger 2001, will die Banken für ihr verantwortungsloses Handeln bestrafen und den Staat mehr in die Pflicht nehmen:

»Es sollten vor allem jene Banken Geld von der Regierung bekommen, die es tatsächlich verleihen. Im Gegenzug müssen diese Institute verstaatlicht werden. Dann kann die Regierung jene Geschäftsfelder schließen, die mit der Kreditvergabe nichts zu tun haben, und in den übrigen feststellen, dass die Banken keine esoterischen Wertpapier-Wetten mehr veranstalten, die sie selber nicht verstehen.« [89]

Kenneth Rogoff, Ex-Chefökonom des IWF, sieht das Handeln der Amerikaner kritisch: *»Der Eifer der Amerikaner nach weiteren globalen Konjunkturprogrammen ist dagegen unnütz und unerfreulich. Sie sind nicht in der Position, jemanden in seiner Makropolitik bevormunden zu können.«* [90] Peter Bofinger, der seit 2004 dem Gremium der »Fünf Wirtschaftsweisen« angehört, sieht in den USA eine drohende Inflationsgefahr: *»Dort sehe ich ein gewisses inflationäres Risiko, ein Anstieg auf 5 bis 10 % ist nicht auszuschließen ... .«* [91] Bofinger nennt Ross und Reiter bei der Entstehung der Krise: *»Ohne das Versagen der Ratingagenturen wäre eine so desaströse Entwicklung auf den Finanzmärkten kaum denkbar gewesen.«* [92] (S. auch Kapitel 2.3) In seinen Augen »rettet« der Steuerzahler in der gegenwärtigen Lage den Sparer.[93]

Laut *Thorsten Polleit*, seit 2003 Honorarprofessor an der Frankfurt School of Finance & Management, ist die drohende Inflation ebenfalls nicht zu unterschätzen: *»Die Notenbanken haben die Geldmenge ausgeweitet. Seit Beginn der Währungsunion vor zehn Jahren hat die Wirtschaftsleistung im Euro-Raum nur um knapp 20 % zugenommen, die Geld-*

menge ist gleichzeitig um 111 % gewachsen. Dieses Geldmengenwachstum bestimmt die Geldentwertung. Die Inflation wird in den kommenden Jahren steigen, möglicherweise erheblich, nicht nur im Euro-Raum, sondern weltweit ... Die Finanzkrise ist Ergebnis des staatlichen Systems, in dem Geld durch Kredit produziert wird. Im Laufe der Zeit erwachsen daraus enorme Schuldenberge. Zeichnet sich eine Überschuldungssituation ab, kann politisch schnell das Anwerfen der Notenpresse zum Weginflationieren der Schulden als das kleinste Übel angesehen werden ... Irgendwann ist der Punkt erreicht, an dem die Geldproduktion durch Kredit überfordert ist, weil Anleger dem System nicht mehr vertrauen.« [94]

Polleit schlägt deshalb vor, die Geldmenge *»nicht mehr beliebig nach politischen Motiven«* zu *»vermehren«* und plädiert für eine Reform der internationalen Geldordnung, *»die für nachhaltig gutes Geld sorgt. Ein Geld, das nicht mehr beliebig durch Kredit vermehrbar ist, sondern durch Rohstoffe wie Gold, Silber oder Platin gedeckt ist.«* [95] Anlegern rät er, sich vor Geldschwund zu schützen: *»Ich rate dazu, das Vermögen breit zu streuen, weltweit reale Werte wie Edelmetall, überhaupt Rohstoffe oder Immobilien zu berücksichtigen. Beim Halten von Papiergeldvermögen ist Vorsicht geboten.«* [96]

Soweit also einige »hochrangige« Experten.

Aber Regeln für den internationalen Kapitalmarkt? Eingriff in das freie Spiel der Märkte? Das war bisher undenkbar. Selbst mancher Neokonservative kann sich mit diesem Gedanken anfreunden. Aber jetzt geht es vor allem darum, bestimmte Eckpunkte aufzustellen:

- Bessere Kontrollen für Hedgefonds und Derivate
- Aufsichtsratsgremien, die sich auch durchsetzen können
- Mehr Sicherheiten gegen Kreditausfälle und Kursschwankungen
- Sicherstellung des Geldflusses auch in Krisenzeiten
- Unabhängige Ratingagenturen (dazu mehr in Kapitel 2.3)
- Der Handel mit sogenannten »Credit Default Swaps« (CDS), die als eine Art Versicherungspolice für Kreditrisiken fungieren, sollte verboten werden, denn allzu oft nutzen Investoren sie zur Spekulation.
- Die Mindestkapitalvorschriften für Banken sollten verschärft werden, damit den Kreditinstituten in Krisenzeiten mehr Eigenkapital zur Verfügung steht.

- Den Banken sollte untersagt sein, mit geringen Eigenmitteln horrend große Summen aufzunehmen und diese dann auf riskante Finanzprodukte zu »wetten«.
- Das Umverpacken, Zerlegen und Weiterverkaufen von Immobilienkrediten sollte stärker kontrolliert und dokumentiert werden.

Aber die EU konnte sich bisher noch nicht einmal auf eine europaweite Harmonisierung der Bankenaufsicht einigen, und auch der G-20-Gipfel im April 2009 brachte wenig globale Zusammenarbeit in Sachen Weltschuldenkrise. So versucht jedes Land für sich eine Lösung zu finden, obwohl man weiß, nur eine internationale Zusammenarbeit ist hilfreich. Denn ein milliardenschwerer Ausgleich der privaten Verschuldung scheint das Problem nicht zu lösen, sondern gerade zwei neue zu schaffen: eine höhere Inflation oder gar eine Deflation[97] und eine größere Staatsverschuldung. Somit sind die nächsten Krisen vorprogrammiert.

Was aber wäre wohl eines der schlimmsten Szenarien für die deutschen Bundesbürger? Das wäre sicherlich dann der Fall, wenn der Staat die immer höher werdende Inflation damit bremst, dass er eine neue Währung als Zahlungsmittel herausgibt.

Diejenigen, die Grundstücke oder Immobilien auf Kredit gekauft haben, wären die Gewinner. Viele andere könnte ein neuer Wechselkurs aber in den Ruin treiben, jene nämlich, die hohe Geldvermögen besitzen. Sie würden alles verlieren, was sie angespart haben, und auch Banken und Versicherungen würden einen Großteil ihres Eigenkapitals einbüßen. Das ist zwar ein pessimistisches Szenario, aber die Ereignisse der letzten Monate haben schon einige »sichere« Pfeiler des bis dato bestehenden Status quo der Weltfinanzwirtschaft zum Einsturz gebracht. Mehr denn je ist die Politik gefordert. Aber Finanzminister *Peer Steinbrück* gab sich bereits im Mai dieses Jahres nicht gerade optimistisch, indem er verlauten ließ: *»Die Politik ist zu einem gewissen Grad auch ratlos.«* [98]

Das macht nicht gerade Mut, die richtigen Kapitäne am Steuer eines Schiffes zu haben, das in einen schweren Sturm geraten ist. Da die Politikkapitäne aber alle vier Jahre neu gewählt werden, ist zu befürchten, dass die jetzigen Kapitäne und Steuerleute schon von Bord gehen und sich retten, bevor das Schiff mit seinen Passagieren vollends untergeht.

2. Teil

Brechen unsere Lebensversicherungen zusammen?

Vorbemerkung 1:
Wie die Deutschen versichert sind

Das verfügbare Einkommen der Deutschen beträgt knapp 1,6 Billionen Euro. Das Geldvermögen der privaten Haushalte ist im Jahr 2008 zwar das erste Mal in der 60-jährigen Geschichte der Bundesrepublik geschrumpft[99], beträgt aber immer noch 4413 Milliarden Euro, das entspricht dem 2,8-Fachen des jährlichen Durchschnittseinkommens. Die Sparquote beträgt 11,8 %. Damit sind die Bundesbürger so gut aufgestellt wie noch nie. Die Deutschen legen auch in Fonds an. Es gibt gegenwärtig etwa 6200 davon. Das Fondsvermögen betrug 2008 rund 575 Milliarden Euro.[100]

Mit Lebens-, Sach- und Krankenversicherungen haben die Deutschen etwa 440 Millionen Versicherungsverträge abgeschlossen.

Die Beiträge für die einzelnen Versicherungszweige gliederten sich im Jahr 2008 (in Milliarden Euro) wie folgt:

Lebensversicherung[101]	**79,6**
Private Krankenversicherung[102]	**30,3**
• Voll- und Zusatzversicherung	28,3
• Pflegeversicherung	2,0
Schaden- und Unfallversicherung[103]	**54,6**
• Kraftfahrtversicherung[104]	20,4
• Allgemeine Haftpflichtversicherung	6,8
• Unfallversicherung	6,4
• Rechtsschutzversicherung	3,2
• Sachversicherung	14,5
• Transportversicherung[105]	1,8
• Kredit-, Kautions- und Vertrauensschadensversicherung	1,4
Gesamt:	**164,5**

Tabelle 2: Beitragseinnahmen der Versicherungswirtschaft; gebuchte Brutto-Beitragseinnahmen deutsches Direktgeschäft. Quelle: GDV, PKV-Verband[106]

Insgesamt zahlten die Deutschen also mehr als 160 Milliarden Euro in die verschiedenen Versicherungszweige ein, das ist 1 % mehr als im Jahr 2007. Die Beitragseinnahmen der Lebensversicherungen erhöhten sich demnach auf 79,6 Milliarden Euro, ein Plus von 600 Millionen Euro gegenüber 2007.[107] Vergleicht man allerdings die Lebensversicherungs-Beitragseinnahmen mit den Leistungen, also dem Geld, das ausbezahlt wurde, relativiert sich das Ganze. Eine einfache Gewinn- und Verlust-Rechnung:

Beitragseinnahmen der Lebensversicherer 2008	79,6 Mrd. €
Leistungen der Lebensversicherer 2008	72,1 Mrd. €
»Überschuss«:	7,5 Mrd. €[108]

Vorbemerkung 2: Die Rendite von Lebensversicherungen schmilzt

Es gibt rund 95 Millionen Lebensversicherungspolicen[109] in der Bundesrepublik. Statistisch gesehen, hat also jeder Deutsche mehr als eine Lebensversicherung abgeschlossen. Aber die Weltschuldenkrise drückt auch deren Rendite. Im Durchschnitt bekommen die Versicherten heute rund 15 % weniger ausbezahlt als noch vor zehn Jahren, das hat der Branchendienst Map-Report ermittelt.[110]

Gründe dafür:

- Der Zinsverfall in den USA, denn viele Lebensversicherer haben einen Teil ihrer Beiträge u. a. in US-Festzinspapieren angelegt. Aber diese bringen nun nicht mehr so viel Rendite.
- Die Börsenturbulenzen drücken ebenfalls auf die Gesamtverzinsung, da die Versicherer auch einen (geringen) Teil der Beitragsgelder in Aktien stecken (mehr dazu in Kapitel 2.4). Durch die Kursabstürze ist ihr Wert geschrumpft. Allein der DAX verlor im Jahr 2008 fast 43 % seines Wertes.

Beispiel:

Ein Angestellter, der 30 Jahre lang jeden Monat 100 Euro eingezahlt hat, erhält nach Ablauf des Vertrags durchschnittlich 88 673 Euro. Das sind 15 000 Euro weniger als im vergleichbaren Fall 1999. Der Abwärtstrend könnte in den nächsten Jahren anhalten, der ausgezahlte Betrag bis 2039 um noch mal 20 000 Euro fallen.[111]

Jeweils zum Jahreswechsel legen die Lebensversicherer fest, mit welchem Wert das Guthaben der Beitragszahler verzinst wird. Die laufende Verzinsung ist jedoch lediglich eine »Leistungsschau« für das kommende Jahr. So geschehen auch Anfang 2009, als die Weltschuldenkrise noch nicht so dramatische Folgen zeigte: Die Kunden erhalten im Jahr 2009 durchschnittlich 4,3 % Zinsen. Das sind »nur« 0,12 Prozentpunkte weniger als im Jahr 2008.

Das ist aber kein Grund zum Jubeln. Branchenexperte *Manfred Poweleit,* Chef des Map-Report: *»Seit 2001 haben Lebensversicherungen* *rund die Hälfte des Zinsgewinns verloren.«* Zudem schwinden die Erträge seit Jahren, und Langfristanlagen werden wohl am Ende ihrer Laufzeit oft deutlich weniger abwerfen, als die aktuellen Gutschriften hoffen lassen.[112]

Auf die gesamte Laufzeit des Vertrages gesehen, ist die Verzinsung für den Kunden aber weit weniger sicher. Im Jahr 2000 zahlte die Branche noch durchschnittlich 7,22 % – heute sind es nur noch 4,3 %.

Sicher hingegen ist nur der »Garantiezins«. Er beträgt für neue Verträge gerade mal 2,25 % auf den Sparanteil des Beitrags und gilt dann für die ganze Laufzeit. Ältere Verträge haben, je nach Zeitpunkt des Abschlusses, noch 3,5 oder 4,0 %.

Auch ist es ein Irrtum zu glauben, dass der gesamte Beitrag verzinst wird, den man monatlich in eine Versicherung einbezahlt. Zinsen (Garantiezins und Überschussbeteiligung) erhält man lediglich auf den sogenannten »Sparanteil«, dieser ergibt sich, wenn vom Beitrag die Kosten (Verwaltungsanteil, Provisionsanteil, Risikoanteil) abgezogen werden.

»Verzinst werden je nach Gesellschaft und Alter des Kunden oft nur 70%«, erklärt Poweleit. Auf den Beitrag bezogen, kommt daher häufig eine deutlich niedrigere Rendite heraus.[113]

Das ist wohl wahr, denn seit Jahren sinken die Renditen der Lebensversicherungen aufgrund gefallener Aktienkurse und dauerhaft niedriger Zinsen. Zum achten Mal in Folge zahlen die deutschen Lebensversicherer ihren Kunden deshalb weniger aus.

Sie gewähren gegenwärtig zwar im Durchschnitt eine höhere Verzinsung als das Kapital, das sie selbst anlegen. Aber werden sie das auch durchhalten?[114] (Mehr dazu in Kapitel 2.5)

Die Niedrigzinspolitik drückt die Erträge der Versicherungen. *»Die Niedrigzinspolitik der Notenbanken ist für Versicherte wie Versicherer eine viel größere Gefahr als der Börsen-Crash«*, sagt Poweleit, denn für kapitalbildende Verträge garantieren die Versicherungsgesellschaften im Durchschnitt etwa 3,6 % Verzinsung. *»Die sind am Markt derzeit nur schwer zu erzielen«*, so Poweleit weiter. Versicherungen, die mit ihren Kapitalanlagen wenig verdienen und deshalb nicht von ihren Reserven zehren können, können die aktuelle Verzinsung deshalb kaum halten.[115]

Doch *Roland Weber*, Debeka-Vorstand, beruhigt: *»Die weltweite Finanzmarktkrise ist keine Krise der deutschen Versicherungswirtschaft. Dennoch sind auch alle Versicherer mittelbar von der Bankenkrise betroffen, wenn auch in unterschiedlichem Maße.«* [116]

Das ist eine »beschönigende« Aussage, denn Fakt ist, die Lebensversicherer legen rund 80 % der Kundengelder in festverzinslichen Wertpapieren an. Und auch deren Umlaufrendite ist von durchschnittlich 6,63 % im Jahr 1955 auf derzeit nur 2,83 % gesunken.[117]

2009 wirft eine Kapitallebensversicherung mit Todesfallschutz und 100 Euro Monatsbeitrag nach 30 Jahren Laufzeit im Schnitt 88 673 Euro ab, so die Experten von Map-Report. Im Vorjahr waren das noch 90 797 Euro, also 2124 Euro mehr. Im Jahr 2001 bekam ein 60-jähriger Mann im Schnitt sogar 16 000 Euro mehr ausgezahlt. Laut Map-Report rutschte die Rendite dieses Lebensversicherten von 6,21 % (im Jahr 2001) auf 5,32 % in diesem Jahr.

Bei Policen mit einer Laufzeit von 20 Jahren sank die Durchschnittsrendite in den letzten acht Jahren sogar von 6,52 % auf 4,8 %, bei den Verträgen mit zwölf Jahren Laufzeit sogar von 6,09 % auf 3,63 %.[118]

Die Gesamt-Durchschnittsverzinsung der Sparbeiträge im laufenden Jahr blieb zwar bei etwa 4,26 % und damit halbwegs stabil, aber nur, weil die Versicherungen ihre Rücklagen auflösen. Auf Dauer werden sich das aber finanzschwächere Unternehmen nicht leisten können – und der Zins bleibt vorerst niedrig. Höchste Alarmstufe für die Versicherten ist also angesagt.

Maximilian Zimmerer, der Vorstandschef der Allianz Lebensversicherung, orakelte deshalb vor Kurzem, ein dauerhaft niedriges Zinsniveau werde *»natürlich Folgen«* für die Überschussbeteiligung haben.[119]

Der Gesamtverband der Deutschen Versicherungswirtschaft (GDV) erwartet für die Sparte Lebensversicherungen im laufenden Jahr bis zu 3 % weniger Beitragseinnahmen. Trotzdem bleibt der Verband bei der Einschätzung, dass die Versicherungswirtschaft *»nach wie vor ein stabiles Element in der Krise ist«* und *»auch bleiben wird«*, wie GDV-Hauptgeschäftsführer *Jörg von Fürstenwerth* in Berlin erklärt. *»Die Finanzkrise ist keine Krise der Versicherer«*, fügt Fürstenwerth hinzu, und auch der Allianz-Leben-Chef *Maximilian Zimmerer* bekräftigte, die Lebensversicherer *»sind auch jetzt noch der Stabilitätsanker in einem tosenden Sturm«*.[120] Mit diesen Statements wollen beide wohl beruhigen, denn sie ignorieren zahlreiche Negativnachrichten und skeptische Analystenstimmen.

Doch Zimmerer gibt sich unerschütterlich: Im Schnitt sei die Aktienquote bei den Versicherern auf 4,8 % gesunken und aufgrund der Absicherungsinstrumente betrage die Quote deshalb nur 2,7 %. Zudem hätten die Unternehmen durch die guten Ertragsjahre 2005 bis 2007 ihre Sicherheitsmittel aufgestockt und verfügten jetzt über ausreichend Puffer. Allerdings muss er eingestehen, dass die Verzinsung des Sparbeitrags im Jahr 2009 nur deshalb stabil bleibt, weil man Rücklagen auflöst. Denn die Kapitalanlagen in Höhe von 689 Milliarden Euro warfen im vergangenen Jahr im Schnitt nur 3,6 % ab.[121] Im Klartext: Die Versicherungsunternehmen müssen jetzt schon drauflegen! Aber trotzdem wird Optimismus verbreitet.

Zimmerer sieht darin noch kein Problem, denn entscheidend wäre der langfristige Anlagehorizont seiner Branche. Obwohl die zehnjährige Bundesanleihe derzeit nur noch 3 % Rendite abwerfe, gebe es andere Anleihen, etwa Pfandbriefe oder Euro-Anleihen anderer EU-Staaten, bei denen die Verzinsung noch deutlich über 4 % liege.[122] Aufgrund einiger bankrotter EU-Staaten (s. Kapitel 1.4) dürfte wohl auch diese Aussage ins Reich der Beschwichtigungen und Schönfärberei gehen. Wie die Lebensversicherer ihr Geld tatsächlich anlegen, erläutere ich in Kapitel 2.4.

Das Manager-Magazin listete Anfang 2009 die stärksten Lebensversicherungsanbieter auf. Als Quelle diente auch hier der Map-Report. Damit sich der Leser einen Eindruck verschaffen kann, führe ich die Unternehmen nachfolgend auf:

Rang	Unternehmen	Ablaufleistung in Euro	Rendite in %
1	Debeka	112 617	6,61
2	HUK-Coburg	101 808	6,07
3	neue leben	99 795	5,96
4	Karlsruher	98 906	5,91
5	Süddeutsche	96 099	5,75
6	DEVK a. G.	94 121	5,64
7	LVM	93 814	5,62
8	DEVK Allgemeine	93 650	5,61
9	Asstel	93 410	5,60
10	R+V	93 271	5,59
11	Stuttgarter	92 752	5,56
12	Hannoversche	92 516	5,55
13	Öffentliche Braunschweig	92 261	5,53
14	Volkswohl Bund	91 695	5,50
15	VGH	91 634	5,50
16	Provinzial NordWest	91 482	5,49
17	Continentale	91 478	5,49
18	Allianz	89 972	5,39
19	Cosmos	89 232	5,35
20	Provinzial Rheinland	88 767	5,32

Tabelle 3: Die stärksten Anbieter bei 30 Jahren Laufzeit. Vertragstyp: Mann, Nichtraucher, Eintrittsalter 30 Jahre, Kapitallebensversicherung ohne Rabatte, jährlich 1200 Euro Beitrag, 100 % Todesfallleistung. Quelle: Map-Report 2009 (http://www.manager-magazin.de/geld/geldanlage/0,2828,616358-4,00.html)

Exkurs: Baufinanzierungs-Tilgung mit einer Lebensversicherung

Häufig wird bei der Finanzierung einer selbst genutzten Immobilie – als Alternative zu einem Festdarlehen (mit 5 bis 15 Jahren Zinsbindungsfrist) – die Tilgung durch eine Lebensversicherung vereinbart. Bei diesen Modellen wird das Darlehen (auch »Tilgungsaussetzungs-« oder »endfälliges Darlehen« genannt) ohne sofortige Tilgung ausbezahlt. Demnach zahlt der Darlehensnehmer über einen bestimmten Zeitraum nur die Zinsen.

Der Kunde schließt jedoch gleichzeitig eine Kapitallebensversicherung mit einer Laufzeit von meist 25 bis 30 Jahren ab. Die Ablaufleistung dieser Versicherung wird dann zur Tilgung des Darlehens verwendet.

Wenn die Zinsbindung aber nicht über die gesamte Laufzeit des Darlehens festgeschrieben ist, läuft man Gefahr, eine mehrfache Zinserhöhung in Kauf nehmen zu müssen. Zwar kann dies auch bei einem Festdarlehen passieren, doch hier wird die Restschuld von Mal zu Mal geringer und somit auch das Risiko.

Bei einer Finanzierung mit Tilgung über Lebensversicherung bleibt die Restschuld über die gesamte Laufzeit des Darlehens so hoch wie am Anfang. Das kann bei einer mehrmaligen Zinserhöhung die Monatsrate leicht explodieren lassen.[123]

Die Praxis zeigt, dass viele Darlehensnehmer, die mit einer Lebensversicherung tilgen, später Deckungslücken von einigen Tausend Euro haben können,[124] weil die Versicherungen zwischenzeitlich die ehemals errechneten Überschussprognosen nach unten korrigiert haben. Dann bekommen die Kunden nicht die Summe ausbezahlt, die sie zur Tilgung ihres Darlehens benötigen, ein Teil der Schulden bleibt also nach Auszahlung der Lebensversicherung übrig.

Das kann ein böses Erwachen geben, denn ein Anschlussdarlehen (»Prolongation«) ist nötig. Hier kann sich der Zins aber im Laufe der Jahre verändert haben. Ärgerlich und existenzbedrohend ist es dann, wenn die Laufzeit der Lebensversicherung so berechnet wurde, dass man mit Beginn der Rente sein Haus abbezahlt hätte und jetzt noch eine Anschlussfinanzierung machen muss, die – je nach Höhe – noch einige Jahre zusätzlich dauern kann und die niedrigere Rente belastet.

Die Sendung *Plusminus* der *ARD* hat einen solchen Fall aufgegriffen, den ich teilweise zitieren möchte und der wohl stellvertretend für andere stehen kann:

»Gitta K. entschied sich vor 16 Jahren für ein eigenes Heim. Als sie 1988, gerade verwitwet, für sich und ihre fünf Kinder in der Nähe von Bremen ein Haus kaufte, finanzierte sie das Ganze durch eine Kapitallebensversicherung. ›Die Bank teilte mir mit, die klassische Variante kommt für mich nicht in Frage, ich müsste Bürgen bringen. Als Mutter von fünf Kindern war mir das nicht möglich.‹

Für Gitta K. steht fest: Nur aufgrund der Beratung durch ihre Bank entschied sie sich gegen ein ganz normales Darlehen mit monatlicher Tilgung. Eigentlich schien alles ganz simpel. Auch dem Darlehensgeber schien damals kein besonderes Risiko vorzuliegen. Denn in der Abtretungserklärung an die Bank ist nur der Fall geregelt, dass Gitta K. aus der Lebensversicherung mehr als die für das Darlehen erforderliche Summe herausbekommt. Nicht geregelt ist der Fall, wenn die Summe nicht zur Tilgung des Darlehens ausreicht.

Frau K. ging nach der Beratung davon aus: ›Mit einer Kapitallebensversicherung könnte ich den Kredit abdecken, es würde noch was übrig bleiben, was ich meinen Kindern geben könnte. Es ist mir aber nie gesagt worden, dass es weniger sein könnte.‹ Ein solcher Hinweis erfolgte vom Lebensversicherer erst, als sie den Kreditvertrag bereits unterschrieben hatte.

Mittlerweile steht fest, dass die Auszahlung bei Vertragsende nicht reicht, um den Kredit zu tilgen. Um im Alter nicht vor einem Schuldenberg zu stehen, entschloss sich Gitta K. vor sechs Jahren, den Kredit zusätzlich zu tilgen: Zu den 107 Euro für die Lebensversicherung kommen jetzt noch 378 Euro Tilgung jeden Monat. Macht insgesamt knapp 500 Euro. Eine enorme Mehrbelastung für die Rentnerin.« Gitta K. wird bis zum Jahre 2013 tilgen. Mit Zinsen macht das einen Verlust von 25 000 Euro aus.[125]

Auch der sonst eher »verbraucherfreundliche« Bundesgerichtshof entschied in diesem Fall gegen die Kunden. In seinem Beschluss vom 20. November 2007 urteilt er unmissverständlich: Reicht die zur Tilgung eines Immobiliendarlehens vorgesehene Ablaufleistung aus einer Kapital-Lebensversicherung nicht aus, um das Darlehen vollständig zu tilgen, so bleibt grundsätzlich der Kunde auf dem Schaden sitzen (BGH Beschluss vom 20. Nov. 2007, XI ZR 259/96).

Sollten also Versicherer, Banken oder Strukturvertriebe eine Immobilienfinanzierung anbieten, die mit einer Lebensversicherung getilgt werden soll, muss Folgendes beachtet werden:

- Gibt es »Berater« (Banken, Versicherungen, Finanzdienstleister), die auch eine **fondsgebundene** Lebensversicherung als Immobilienkredit-Tilgung abschließen? Dann ist äußerste Vorsicht geboten!
- Rechnet der »Berater« nur die Garantieverzinsung in die Tilgung mit ein oder auch die Überschussanteile (»Überschussbeteiligung«), die nicht garantiert sind?
- Rechnet der Berater einen »Kapitalpuffer« ein, wenn die Ablaufleistung der Versicherung nach 25 oder 30 Jahren nicht dem entspricht, was er als Tilgungssumme ermittelt?

Verbraucherzentralen raten daher : Bloß keine Kapital-Lebensversicherung »als Tilgungsersatz« bei einer Immobilienfinanzierung vereinbaren.[126]

Vorbemerkung 3: Der Staat zockt kräftig ab

Lebensversicherungen bringen immer weniger Rendite, und seit 2009 kassiert der Staat in nie dagewesener Weise zusätzlich ab. Da bleibt nicht mehr viel übrig, obwohl die Bürger **dringend** Eigenvorsorge betreiben müssten, da die staatliche Rente in Zukunft vor dem Kollaps stehen wird.

Abzocke I: Die Abgeltungsteuer

- Die Abgeltungsteuer ist eine pauschale Besteuerung für bestimmte Kapitalerträge. Der Steuersatz hierfür setzt sich zusammen aus pauschal 25 % Einkommensteuer, zuzüglich 5,5 % Solidaritätszuschlag und Kirchensteuer (8 bzw. 9 %), wenn man einer Kirche angehört, die Kirchensteuer verlangt. Der Solidaritätszuschlag und die Kirchensteuer werden prozentual von der Abgeltungsteuer (25 %) gerechnet.

- Beispiel: 5,5 % Solidaritätszuschlag von 25 % Abgeltungsteuer betragen einen Aufschlag von 1,375 %. Dies ergibt also eine Real-Versteuerung der Kapitalerträge von 26,375 %.

- Da man die Kirchensteuer jedoch als Sonderausgabe absetzen kann, ist die Berechnungsgrundlage der Kirchensteuer nicht 8 oder 9 % von 25 % Abgeltungsteuer, sondern 24,51 % bzw. 24,45 %. Bei 8 % Kirchensteuer müssen Sie also 1,9608 % draufzahlen, bei 9 % Kirchensteuer 2,1996 %.

- Das ergibt eine Gesamtsteuer von:

Abgeltungsteuer	25,0000 %
Solidaritätszuschlag	1,3750 %
Kirchensteuer (bei 8 %)	1,9608 %
Kirchensteuer (bei 9 %)	2,1996 %
Gesamtsteuer auf Kapitalerträge	28,3358 % bzw. 28,5746 %!

Dabei wird die Kirchensteuer 2009 nicht automatisch an das Finanzamt gezahlt. Die Abgeltungsteuer und der Solidaritätszuschlag werden von den Banken meistens vor der Gutschrift an das Finanzamt überwiesen.[127]

Abzocke II: Sparerpauschbetrag

- Bis zum 31. Dezember 2008 galt für Einkünfte aus Kapitalvermögen ein sogenannter »Sparerfreibetrag«: Alleinstehende konnten 750 Euro und zusammen veranlagte Ehepartner 1500 Euro geltend machen. Dazu kam eine »Werbungskostenpauschale« von 51 Euro bzw. 102 Euro bei Verheirateten, die allerdings nur angesetzt werden konnte, wenn die tatsächlichen Werbungskosten unter diesem Betrag lagen.

- Mit der Einführung der Abgeltungsteuer wurden Freibetrag und Werbungskostenpauschale zum »Sparerpauschbetrag« zusammengefasst. Das bedeutet: Der bisherige Sparerfreibetrag bleibt in gleicher Höhe zwar als Sparerpauschbetrag erhalten, jedoch entfällt der Ansatz der tatsächlichen Werbungskosten. Konsequenz: Wenn etwa Depotgebühren oder Beratungsgebühren bei der Kapitalanlage anfallen, dürfen diese nicht mehr in voller Höhe angesetzt werden.[128]

Abzocke III: Besteuerung von Vermögensdepots

- Lebensversicherungen, bei denen es sich um ein reines Vermögensdepot handelt, müssen seit dem 1. Januar 2009 regulär versteuert werden: Auf Kapitalgewinne, Zinserträge und Dividende muss der Anleger nun sowohl in der Ansparphase als auch zum Laufzeitende Abgeltungsteuer entrichten.

Abzocke IV: Änderungen seit 1. April 2009

- Lebensversicherungen ohne ausreichenden Hinterbliebenenschutz sind nicht mehr steuerbegünstigt. Dies gilt für alle Policen, die nach dem 1. April 2009 abgeschlossen werden.

- Steuerbegünstigt sind daher nur noch Policen, bei denen der Mindesttodesfallschutz bei laufender Beitragszahlung mindestens 50 % der Beitragssumme über die gesamte Laufzeit beträgt.

- Bei Verträgen mit Einmalbeitrag, abgekürzter Beitragsdauer oder fondsgebundenen Policen sind mindestens 10 % über dem Vertragswert vorgeschrieben. Sind diese Bedingungen, die alle auf die Rendite drücken, also nicht erfüllt, entfällt die Steuervergünstigung.

Abzocke V: Besteuerung von Lebensversicherungen

- In der Ansparphase unterliegen die Versicherungen nicht der Abgeltungsteuer.

- Im Alter muss der Versicherte allerdings die Hälfte der Erträge mit dem individuellen Steuersatz versteuern. Bedingung: Die Versicherungspolice muss mindestens zwölf Jahre gehalten und das Kapital daraus darf nicht vor dem 60. Lebensjahr ausbezahlt werden. Ist der Hinterbliebenenschutz jedoch nicht ausreichend hoch, entfällt der Steuervorteil zum Laufzeitende, nur die Steuerfreiheit in der Ansparphase bleibt bestehen.

Abzocke VI: Krankenkassenbeiträge auf Direktversicherungen

Etwas, was die meisten nicht wissen, die eine Direktversicherung abschließen: Bei der Auszahlung sind Sie krankenversicherungspflichtig!

- Kapitalauszahlungen aus einer betrieblichen Lebensversicherung (Direktversicherung) sind in der Krankenversicherung und Pflegeversicherung als Versorgungsbezug voll beitragspflichtig.

- Dies bedeutet bei einer Auszahlung der Direktversicherung in Höhe von 50 000 Euro und einem angenommenen Beitragssatz in der

Krankenversicherung von 14,3 %, in der Pflegeversicherung von 1,7 %, insgesamt 8000 Euro.

- Das Ganze wird gestreckt über 10 Jahre (120 Monate), was einem monatlichen Beitrag von 66,67 Euro entspricht.

- Mit dem Gesetz zur Modernisierung der gesetzlichen Krankenkasse zu Beginn des Jahres 2004 ist die Krankenkassenpflicht aus einer betrieblichen Altersvorsorge neu geregelt worden. Durch einen Satz im SGB ist die Krankenkassenpflicht von laufenden Renten auf Kapitalauszahlungen erweitert worden. Dies geschah damals heimlich, still und leise und wurde selbst vom Gesamtverband der deutschen Versicherungswirtschaft erst nach einigen Wochen erkannt.

- Viele Einsprüche gegen solche Beitragsbescheide wurden gemacht, weil es Musterprozesse geben sollte, die das Ganze vielleicht noch hätten kippen können. Inzwischen ist einige Zeit ins Land gegangen, und in einer der letzten bekannten Entscheidung eines Gerichts wurde beschlossen, dass eine doppelte Krankenkassenpflicht, bei der Beitragszahlung wie auch bei der Kapitalauszahlung, gesetzlich nicht verboten ist.

- Die Beitragspflicht gilt selbst für Beiträge, die nach einem Ausscheiden beim Arbeitgeber privat weiter in die Versicherung eingezahlt wurden. Es ist egal, ob die Beiträge zur Direktversicherung aus einem Arbeitslohn sind, der über der Beitragsbemessungsgrenze liegt, und beispielsweise aus Weihnachtsgeld und Urlaubsgeld bezahlt wurden. Auch wenn der Empfänger der Kapitalauszahlung zum Zeitpunkt der Auszahlung schon den Höchstbeitrag an die Krankenkasse zahlt, gilt die Beitragspflicht in der gesetzlichen Krankenkasse.

- Menschen, die privat krankenversichert sind, fallen nicht unter diese Regelung, da sich ihre Beiträge zur Krankenversicherung nicht am Einkommen orientieren.[129]

Abzocke VII: Kontrollen

- Versicherungsvermittler sind seit dem 1. Januar 2009 verpflichtet, den Abschluss eines kapitalbildenden Lebensversicherungsvertrages mit einem ausländischen Versicherungsunternehmen an das Bundeszentralamt für Steuern zu melden. Damit ist das Finanzamt also über diese Policen der Steuerzahler genau informiert.

- Ab 2010 müssen inländische Niederlassungen von ausländischen Versicherern sogar Kapitalertragsteuer einbehalten und an den deutschen Fiskus abführen.

Vorbemerkung 4:
Risiko Lebensversicherung?

Es herrscht Unsicherheit in deutschen Wohnzimmern, denn jetzt sind auch die Lebensversicherer mit ihren vielen Millionen Kunden von der Weltschuldenkrise betroffen.

»... Fest steht, dass die Erst- und Lebensversicherer in Deutschland deutlich stärker betroffen sind, als von der Branche behauptet«, stellt *Dr. Marc Surminski*, Chefredakteur der Zeitschrift für das Versicherungswesen, nüchtern fest.[130] Die Versicherungskonzerne haben das Geld ihrer Kunden, insgesamt 1175 Milliarden Euro, am globalen Finanzmarkt angelegt. Doch wie sicher ist das Geld? Die Branche gibt sich optimistisch und sieht ihr Investment bei den verschiedenen Banken als »sicher« an. Aber ist das wirklich so? Die Zeichen stehen schlecht: Langfristige Zinsen gehen zurück, Aktienkurse fallen, einst als »sicher« eingestufte Anleihen entpuppen sich als Zeitbomben, Banken sind pleite, viele Zertifikate wertlos, offene Immobilienfonds geschlossen, und Versicherungskonzerne schreiben Verluste in Milliardenhöhe. Die Kapitalanlagen der Lebensversicherer werden immer mehr zum »Nervenkitzel«, die Finanzaufsicht reagiert mit aufgeweichten Regularien (s. Kapitel 2.11), das Neugeschäft ist schleppend, und aufgrund der zu erwartenden höheren Arbeitslosigkeit droht eine Stornowelle. Zudem wird es für die deutschen Lebensversicherer immer schwieriger, den durchschnittlich garantierten Zins ihres Policenbestandes von 3,4 % aus ihrem Kapitalanlageergebnis zu erwirtschaften, manche könnten sogar Liquiditätsprobleme bekommen.[131]

Sind die Lebensversicherer also das nächste Opfer der Weltschuldenkrise?

2.1 Wie sicher ist unsere Altersvorsorge?

Zunächst möchte ich jedoch die verschiedenen »Säulen« unserer Altersvorsorge unter die Lupe nehmen:

Gesetzliche Rentenversicherung:

Noch gibt es keine unmittelbaren Folgen der Weltschuldenkrise für die gesetzliche Rentenversicherung. Das System selbst wird gegenwärtig nur noch von wenigen Kritikern in Frage gestellt, weil es sich in Krisenzeiten wohl »bewährt« habe. Das meinen zumindest die Befürworter und lassen dabei außer Acht, dass der Staat im Jahr 2008 insgesamt 78,3 Milliarden Euro Steuergelder in die gesetzliche »Zwangs«-Rentenversicherung zuschießen musste. Das sind immerhin 27,6 % des gesamten Bundeshaushaltes.[132] Für mich ist dies ein klarer Beweis dafür, dass das Umlageverfahren (aufgrund der Alters- und Bevölkerungsentwicklung) schon jetzt nicht mehr funktioniert und nur noch mittels jährlicher Notzuschüsse aller Steuerzahler künstlich am Leben gehalten wird. Wie lange das wohl noch gut geht? Mit steigenden Beiträgen und langfristig sinkenden Renten ist auf jeden Fall zu rechnen. Meine Prognose: In 20 Jahren wird es nur noch eine »Grundrente« von etwa 500 Euro geben, die jeder erhält, egal wie lange und wie viel er einbezahlt hat.

Folgende Zahlen aus dem Jahr 2008 verdeutlichen, wie »krank« das System der Gesetzlichen Rentenversicherung in Wirklichkeit ist:

Anzahl der Renten:	24,7	Mio.
Anzahl der Beitragszahler:	39,7	Mio.

Jeder Beitragszahler trägt also jetzt schon im Schnitt die Kosten von mehr als einem »halben« Rentner pro Monat.

Gesamtausgaben der Rentenversicherung:	240,1	Mrd. €
davon		
Kosten für Beamte:	104,5	Mrd. €
Kosten Pensionäre:	67,5	Mrd. €[133]

Tendenz steigend

Im Juni 2009 kam es im Bundestag zu heftigen Diskussionen, weil die Bundesregierung eine »gesetzliche Rentengarantie« für die doch »sichere« gesetzliche Rente festlegen wollte.

Ein Auszug aus der Parlamentskonferenz:

»Die Grünen warfen der Koalition vor, ›ohne Not‹ an einer tragenden Säule des Rentenversicherungssystems zu rütteln: ›Sie streuen den Rentnern und Beitragszahlern Sand in die Augen.‹ Es sei unrealistisch, die dadurch entstehenden Finanzierungslücken später wieder nachzuholen. Vor allem aber kritisierten die Grünen den Zeitpunkt als viel zu verfrüht und fragten: ›Warum warten wir nicht ab bis März 2010, bis uns die Zahlen vorliegen?‹ Erst dann könne man seriöse Aussagen über die Folgen der Wirtschaftskrise treffen und entsprechende Planungen angehen, hieß es.

Die Linke stellte klar, dass sie eine Rentenschutzklausel zwar grundsätzlich befürworten könne. Sie verstehe aber nicht, warum man eine solche Klausel als Ewigkeitsklausel formuliere. Denn letztlich sei es weiterhin ein Grundprinzip, dass die Renten den Löhnen angepasst werden, ›und wir gehen ja schließlich nicht davon aus, dass die Renten dauernd gekürzt werden‹. Die Fraktion forderte, noch einmal grundlegend über die Rentenformel nachzudenken.

Auch für die Liberalen ist es nicht angezeigt, zum jetzigen Zeitpunkt eine solche Rentengarantie abzugeben. ›Wer zahlt am Ende alles?‹, fragte die Fraktion und schob die Antwort gleich hinterher: Der Verdacht liege nahe, dass zum einen die Rentner selbst diese Garantie bezahlen werden und zum anderen die jungen Beitragszahler. ›Das Thema Generationengerechtigkeit wird ad acta gelegt‹, stellten die Liberalen fest. Die Koalitionsfraktionen hielten dagegen, eine ›Politik der ruhigen Hand‹ zu verfolgen und den Menschen Sicherheit zu geben. Auch sei die Ewigkeitsklausel nicht so gemeint, ›dass wir das für alle Zeit bestehen lassen müssen‹.« [134]

Am 19. Juni 2009 beschloss der Bundestag dann mit den Stimmen von Union und SPD die Rentengarantie. Rentner müssen zukünftig auch im Falle sinkender Löhne höchstens Nullrunden fürchten. Doch das ist eine Mogelpackung, denn sie müssen diese »Garantie« bei Besserung der Lage durch Nullrunden oder reduzierte Erhöhungen selbst bezahlen![135]

Interessant für den aufmerksamen Leser dürfte sein, dass die Bundesregierung zwar eine »Rentenschutzgarantie« fordert, aber diese »nicht für alle Zeit bestehen lassen« will: Der Wahlkampf lässt grüßen! Wahrscheinlich ist die größte Wählergruppe, nämlich die der Rentner, nicht blind und durchschaut dieses Manöver!

Bisher wurden folgende Maßnahmen zur gesetzlichen Rente politisch beschlossen: Die Senkung des Rentenniveaus, die Rente mit 67, die gekürzte bzw. gestrichene Anrechnung von Ausbildungszeiten sowie die gekürzten Beiträge für ALG-II-Bezieher.

Also: Wie »sicher« ist die Rente wirklich?

Pensionen:

Im Jahr 2008 gab es in Deutschland 1,9 Millionen Beamte und 1,5 Millionen Pensionäre.[136] Diese bekommen ihre Pension in Höhe von bis zu 75 % (im Durchschnitt 69 %) des letzten Dienstgehaltes. Zudem eine Beihilfe, nämlich 70 % Zuschuss zu ihren Krankheitskosten. Pensionen sind überdies nicht mit Sozialabgaben belastet.

Beispiel:

Die Pension **eines** Studienrates von etwa 2500 Euro monatlich kostet den Staat bei einem 25-jährigen Bezug einen Betrag von 750 000 Euro zuzüglich 150 000 Euro (500 Euro monatlich) Krankenkostenzuschuss, also insgesamt 900 000 Euro. Und das bei einer **durchschnittlichen** Pension **eines** Beamten! Der Leser mag sich selbst ausrechnen, welche Milliardenbeträge der Staat zukünftig ausgeben muss, nur um für die Pensionen seiner Bediensteten aufzukommen.

Um das Jahr 2018 wird es erstmals mehr Pensionäre als Beamte geben.[137] Viele Milliarden Euro Mehrausgaben kommen dann auf den Staat, sprich Steuerzahler, zu. *Oswald Metzger*, der ehemalige haushaltspolitische Sprecher und Obmann im Finanzausschuss des Deutschen Bundestages, jetzt freier Politikberater und Publizist, nennt das eine *»implizite Staatsschuld«* [138], ich nenne es schlichtweg eine »tickende Zeitbombe«.

Kapital- und fondsgebundene Lebensversicherungen:

Der größte und wichtigste Träger der privaten Altersvorsorge sind die deutschen Lebensversicherer. Ihre Kunden legen das Geld entweder in fondsgebundenen Verträgen an, wobei sie das Risiko des Wertverlustes selbst tragen, oder in Kapitallebensversicherungen, die eine Mindestverzinsung garantieren (»Garantiezins«). Das Geld der Versicherer schien bisher zum größten Teil »sicher« angelegt worden zu sein: etwa in Anleihen an Banken und Staaten. Rund die Hälfte[139] dieser Anleihen stammt von Banken. Im Kapitel 2.4 beschäftige ich mich speziell mit der »Anlagestrategie« der Versicherer.

Riester-und Rürup-Sparpläne:

Etwa 12 Millionen Deutsche haben bereits diese steuerlich geförderten Verträge abgeschlossen.[140] Wenn die Policen bei Fondsgesellschaften abgeschlossen werden, ist das Risiko größer, jedoch müssen sie mindestens die eingezahlten Beiträge garantieren.

Die Mehrheit der Bundesbürger lehnt die staatlich geförderte Riester-Rente jedoch ab, das ergab eine Umfrage der Citibank. Mehr als 54 % interessieren sich nicht dafür oder kündigen ihre Verträge.[141]

Die Riester-Sparpläne der Banken gelten (noch) als sicher. Allerdings gerieten auch einige Banken, die Riester-Sparpläne anbieten, in Finanzturbulenzen, etwa die Commerzbank und Dresdner Bank.[142]

Rentenfonds:

Rentenfonds erwirtschaften in der Regel weniger Rendite, bieten dafür aber mehr Sicherheit. Doch auch im Zuge der Finanzkrise rutschten etliche Fonds tief ins Minus. Bis zu 30 % und mehr verloren Rentenfonds, die ausschließlich in Genussscheine (die meist von Banken ausgegeben wurden) investierten.[143]

Doch nicht nur die Finanzkrise war schuld daran, auch riskante Anlagestrategien von Fondsmanagern. »Sicher« galten bisher Papiere, die auf Euro lauten, etwa Staatsanleihen erstklassiger Bonität. Andere Schwerpunkte können Pfandbriefe sein oder Bank- und Unternehmensanleihen, die auch gemixt werden können. Das unterschiedliche Risiko für den Anleger hängt also von der Zusammensetzung ab.

Die Stiftung Warentest nennt noch zwei weitere »riskante« Anlagen:

- *»ABS-Papiere: Das sind Anleihen, die mit Kreditforderungen gesichert sind. Sie laufen nur so lange gut, wie die Kreditnehmer ihre Raten zahlen. Mit dem Ausbruch der Immobilienkrise in den USA 2007 brachen auch die Kurse einiger ABS-Papiere ein. Hinzu kam: Auch ABS-Papiere, die nichts mit dem amerikanischen Markt zu tun haben, wollte keiner mehr anfassen – der Handel brach zusammen.*

- *Indexfonds: Lassen Sie sich nicht durch die guten Werte von Indexfonds verführen, die nur in Staatsanleihen investieren. Sie hatten ein Spitzenjahr. Für einen guten Mix sollten Sie auch Indexfonds auf Pfandbriefe und Unternehmensanleihen guter Qualität kaufen.«* [144]

Versorgungswerke:

Insgesamt sind rund 700 000 Ärzte, Steuerberater, Architekten, Anwälte, Notare und andere Freiberufler in ihren Versorgungswerken organisiert, nachdem sie sich von der Pflicht zur Mitgliedschaft in der gesetzlichen Rentenversicherung befreien ließen.

Die Versorgungswerke, denen rund 100 Milliarden Euro zur Verfügung stehen, sind überwiegend kapitalgedeckt finanziert, was in der Weltschuldenkrise ein Risiko darstellen kann, wenn der Kapitalstock stark an Wert verlieren sollte. Ähnlich wie die Lebensversicherer haben sie viel in Anleihen finanziert, die Aktienquote ist jedoch höher.

Versorgungswerke garantieren ihren Mitgliedern keine Mindestverzinsung. Da es sich um eine Pflichtversicherung handelt, können die Mitglieder nicht kündigen und ihr Geld abziehen.[145]

Betriebsrenten:

Etwa 17 Millionen Erwerbstätige sparen für eine Betriebsrente. Diese sind auf unterschiedliche Arten finanziert und tragen deshalb auch unterschiedliche Risiken. Viele Unternehmen gewähren ihre Betriebsrenten durch Rückstellungen, stehen also mit dem Betriebsvermögen ein. Sollten sie zahlungsunfähig werden, springt der Pensions-Sicherungs-Verein (PSV) ein, der von der deutschen Wirtschaft im Umlageverfahren finanziert wird. Ein anderer Teil von Vorsorgeverträgen für Betriebsrenten ist ähnlich wie Lebensversicherungen organisiert, trägt also das gleiche Maß an Sicherheit und Risiko.[146]

Aber die Finanzkrise reißt auch Löcher in Pensionskassen: Die Rücklagen der Unternehmen für Betriebsrenten sind im vergangenen Jahr schon um 13 Milliarden Euro gesunken, und immer mehr Firmenpleiten sorgen für zusätzliche Belastungen der Pensionskassen. Dies hat zur Folge, dass die Pflichtbeiträge der 73 000 Mitgliedsunternehmen im Pensions-Sicherungs-Verein (PSV), der im Insolvenzfall die Pensionsansprüche und die Auszahlung der Betriebsrenten übernimmt, zum Jahresende 2009 um das »Zehnfache«[147] steigen könnten.

Ein Beispiel: Für die Betriebsrenten des insolventen Karstadt-Mutterkonzerns Arcandor muss der PSV wohl mehr als zwei Milliarden Euro aufbringen. Zudem kann es sein, dass die 45 000 Arcandor-Betriebsrentner Monate auf die Überweisungen warten müssen: *»Es ist nicht sicher, ob die Zahlung übergangslos geschehen kann«*, sagte PSV-Vorstand *Martin Hoppenrath.*[148]

Michael Bröcker schreibt in der Rheinischen Post: *»Die Unternehmensrücklagen für die Betriebsrenten schrumpfen noch aus einem anderen Grund. Die Firmen haben das zurückgelegte Vermögen teilweise in Aktien angelegt und in der Finanzkrise Verluste erlitten. Laut Towers Perrin [einer Frankfurter Unternehmensberatung, d. Verf.] machten die Pensionskassen der 30 DAX-Firmen im vergangenen Jahr ein Minus von 13 Milliarden Euro. Die Rückstellungen reichen nur noch für 65 % der künftigen Renten. Deutsche Unternehmen sind allerdings anders als US-Betriebe nicht verpflichtet, künftige Ansprüche in voller Höhe zu decken. Da die Renditen der Pensi-*

onskassen die künftigen Rentenauszahlungen bestimmen, drohen den Betriebsrentnern in den nächsten Jahren Einbußen. ›Es wird niedrigere Zahlungen geben‹, sagt Thomas Jasper, Partner bei Towers Perrin. ›Nicht alle Pensionskassen bieten einen Garantiezins der Anlagesumme an.‹« [149]

Bis auf die Telekom und die Deutsche Bank erzielten im vergangenen Jahr alle DAX-Unternehmen bei ihren Rentenanlagen Verluste. Am schlimmsten erwischte es die Deutsche Börse selbst, die ein krachendes Minus von fast 37 % verkraften musste. Aber noch müssen sich selbst die Angestellten keine akuten Sorgen um die Sicherheit ihrer Betriebsrenten machen, weil fast alle DAX-Mitglieder ihre Pensionszahlungen nicht allein aus dem über die Jahre angesparten Vermögen, sondern auch aus laufenden Erträgen speisen.[150]

Wie gut oder schlecht das ist, wird aber erst die Zukunft zeigen.

Exkurs: Postbank – Altersvorsorgekonto in Gefahr?

Die *Postbank* wirbt bis heute mit einem sogenannten »Altersvorsorgekonto«, und zwar so:

»Das Postbank-Altersvorsorgekonto ist ein Anlage-Konzept auf Basis zweier Zertifikate mit einer Garantie- und einer Überschusskomponente. Mit diesem ertragsstarken Vermögensaufbau-Konzept können Sie sich Ihren gewohnten Lebensstandard im Rentenalter sichern.

Ihre Vorteile:

- *Voll flexibel: bestimmen Sie Fälligkeit, Sparrate und ob Sie Sonderzahlungen leisten. Sie können dabei sogar auf Ihr angespartes Vermögen zurückgreifen.*
- *100 % kapitalgarantiert: Am Ende der Laufzeit erhalten Sie mindestens Ihre Einzahlungen garantiert zurück.*
- *Renditestark: durch innovatives Zwei-Zertifikate-Konzept und Anlage in Werte des EuroStoxx 50TM.*
- *Optionale Sparzielabsicherung: Sichert Ihre Hinterbliebenen in Höhe Ihres Sparziels ab (nur bei Sparplan).«* [151]

»Ertragsstark«, »renditestark« und »kapitalgarantiert« soll diese Form der Altersvorsorge also sein. Auf der gleichen Internetseite gibt die Postbank allerdings zu beachten, dass:

- *»die Rückzahlung des Rentenzertifikats zum Nennwert am Laufzeitende die Summe Ihrer geleisteten Einzahlungen absichert (Kapitalgarantie) und die Kapitalgarantie nur zum Fälligkeitstermin gilt.*
- *bei gesondertem Verkauf von Rentenzertifikaten die Kapitalgarantie erlischt, ein vorzeitiger Verkauf der Zertifikate zum aktuellen Tageskurs abzüglich 0,5 % erfolgt und die Rückgabemöglichkeit nicht zu jedem Zeitpunkt gegeben sein kann.*
- *in einer ungünstigen Marktsituation der Tageskurs der Zertifikate deutlich unter dem gezahlten Kaufpreis liegen kann.*

- *Sie im schlechtesten Fall nicht mehr als die Summe Ihrer eingezahlten Beträge ausgezahlt bekommen«.*[152]

So relativiert sich das Ganze. Aber Zehntausende haben diese Art der Altersvorsorge abgeschlossen. Doch auch die Postbank spürte im März 2009 die Folgen der Finanzkrise. Für das so angepriesene Altersvorsorgekonto mit verheerenden Auswirkungen. *Finanztest* berichtete:

»Das Altersvorsorgekonto der Postbank läuft nicht mehr rund. Finanztest rät zum Ausstieg.

Überraschung. *Da staunten die 41000 Sparer des Altersvorsorgekontos der Postbank nicht schlecht. Im Februar und März zog die Bank die Beiträge zunächst nicht ein. Der Grund: Zertifikate auf den europäischen Börsenindex EuroStoxx 50, die in dem Produkt enthalten sind, hatten bis zu 92 % an Wert verloren. Deshalb mussten für das Altersvorsorgekonto neue Zertifikate aufgelegt und von der Bankenaufsicht genehmigt werden.*

Folge. *Ein Teil der schon seit 2005 geflossenen Einzahlungen wird nun wenig oder gar keine Rendite mehr erwirtschaften. Gesichert ist laut Postbank nur, dass am Laufzeitende die Einzahlungen fürs Rentenalter zur Verfügung stehen – ohne Inflationsausgleich.*

Hintergrund. *›Zukunft kann so einfach sein‹, wirbt die Postbank. Einfach ist daran jedoch nichts. Das Geld der Anleger liegt nicht bei der Postbank. Tatsächlich wird es in einem undurchsichtigen Geflecht von Töchtern und Stiftungen der amerikanischen Investmentbank Goldman Sachs in Holland und Irland verwertet. Das Geld der Sparer fließt in einen ›Spezialfonds‹, der in Aktien aus dem EuroStoxx 50 und in Staatsanleihen investiert. Der Fonds ist aber sehr speziell. Die Anleger erwerben nämlich keine Anteile an diesem Fonds. Vielmehr bekommen sie für ihr Geld Aktien- und Rentenzertifikate, die eine deutsche Tochter von Goldman Sachs herausgegeben hat.*

Risiko. *Die Postbank bezeichnet das Produkt als ›sicherheitsorientiert‹. Auf die Zertifikate darin passt dieses Etikett aber sicher nicht. Durch sie läuft der Anle-*

ger Gefahr, am Ende ohne Ertrag dazustehen. Für die Kapitalgarantie muss nicht die Postbank, sondern Goldman Sachs geradestehen.

Empfehlung. *Aktienzertifikate haben in der Altersvorsorge nichts zu suchen. Sparer sollten ihre Zahlungen einstellen und am Ende der Laufzeit die Garantie in Anspruch nehmen. Verkaufen können sie ihre Zertifikate nicht, weil sie nicht gehandelt werden.«* [153]

»Zehntausende Kunden fürchten um ihre Ersparnisse« schreibt *DAS INVESTMENT* und zitiert *Christian Meyer* von der Verbraucherschutzzentrale Schleswig-Holstein, der kritisierte, dass *»etwas schief gelaufen sei«*. Er erklärte: *»Es spricht nicht für eine sicherheitsorientierte Anlage, wenn risikoreiche Aktiengeschäfte getätigt werden, um die angestrebte Rendite zu erzielen.«* Dies sei *»ein einmaliger Vorgang«*, so Meyer weiter. Ihm sei nicht bekannt, wann eine deutsche Bank die Annahme von Beiträgen jemals ausgesetzt habe.[154]

Die *Postbank* hingegen begründete diesen bisher einmaligen Vorgang mit einer *»Modifikation des Kontos«*. Um Wertschwankungen besser ausgleichen zu können, habe man ein neues Aktienzertifikat erworben – eine Änderung, die durch die Bundesanstalt für Finanzdienstleistungsaufsicht (BaFin) genehmigt werden musste. *»Während dieses mehrwöchigen Prüfprozesses konnte die Postbank einmalig im Februar keine Abbuchungen vornehmen«*, so die Bank in einer offiziellen Stellungnahme. Die Kunden habe man darüber schriftlich informiert. Zudem berief sich die Postbank auf die hundertprozentige Kapitalgarantie zum Laufzeitende. Verluste könnten nur bei einem vorzeitigen Verkauf entstehen, beteuerte der Banksprecher. *»Am Ende der Laufzeit erhalten die Kunden ihr eingezahltes Kapital auf alle Fälle zurück.«* [155]

Wir haben also gesehen, eine absolute Sicherheit bei der Altersvorsorge, egal für welche man sich entscheidet, gibt es nicht. Dazu der Volkswirtschaftler *Professor Robert von Weizsäcker* von der TU München: *»Die jetzige Erfahrung zeigt, es kann passieren, dass auf einen Schlag erhebliche Teile der Altersvorsorge einfach entwertet werden. Bisher dachte man, die historischen Renditen des Kapitals haben eine gewisse Höhe, und wir können Risiko und Ertrag streuen. Wie wir jetzt sehen, ist das nicht gesichert.«* [156]

Vertreter der Versicherungswirtschaft werden hingegen nicht müde, die Situation herunterzuspielen. *Henri de Castries*, Axa-Vorstandschef und Vorsitzender des Pan European Insurance Forum (Peif), erklärte: »*Versicherungsunternehmen generieren nicht diese Art von systemischen Risiken, wie sie im Bankgeschäft entstehen.*« Und Rolf-Peter Hoenen, der Präsident des Gesamtverbandes der Deutschen Versicherungswirtschaft (GDV), versicherte in der FAZ, er halte es für unwahrscheinlich, dass ein deutscher Versicherer einmal Staatshilfe in Anspruch nehmen müsse.[157]

2.2 Wie sicher sind unsere Lebensversicherungen?

»Versicherungen sind sicher«: Die Sicht der Assekuranz

Zunächst möchte ich den Standpunkt der Versicherungswirtschaft darstellen und deren Argumente anschließend einer kritischen Prüfung unterziehen.

Dr. Wolfgang Weiler, Vorsitzender des Kapitalanlagenausschusses des GDV erklärte bei einem Pressekolloquium am 25. März 2009 ohne Umschweife: *»Die Kapitalanlagen der Versicherungen sind sicher.«* [158]

Dabei unterscheidet er die Versicherungen *»wesentlich«* von den Kreditinstituten:

- Versicherer sind langfristige Anleger, die die Bereitschaft und die Fähigkeit besitzen, ihre Kapitalanlagen bis zur Fälligkeit zu halten.
- Versicherer haben regelmäßige Prämieneinnahmen, sodass sie keine Refinanzierungsprobleme haben.
- Anders als bei Banken besteht bei Versicherungen keine Gefahr eines »Runs« auf die Konten, im Notfall können die Verträge von einem anderen Unternehmen weitergeführt werden.
- Im Gegensatz zu ausländischen Konkurrenten dürfen deutsche Versicherer keine Bankgeschäfte betreiben.
- In Deutschland ist daher keine Notwendigkeit einer »bad insurance«.[159]

Der Gesamtverband der deutschen Versicherungswirtschaft e. V. (GDV) gibt jedoch zu bedenken:

- Die Assekuranz hat wegen der hohen Anlagen bei Kreditinstituten ein herausragendes Interesse an der Stabilität des Bankensektors.
- Langfristig müssen die Unternehmen den durchschnittlichen Rechnungszins erwirtschaften.
- Kreditausfallrisiken in 2009 steigen.[160]

Eine weitere Stellungnahme des GDV zur Finanzmarktkrise:

Wie sicher ist das Produkt »Lebensversicherung«?

- Finanzmarktkrise ist keine Krise der Versicherungen! Produkte, die den Ausbruch der Krise in den USA verursacht haben, sind von den deutschen Versicherungsunternehmen weder im nennenswerten Umfang gekauft, noch garantiert oder versichert worden. Die deutschen Lebensversicherer sind gesetzlich dazu verpflichtet, ihre Garantieversprechen an die Kunden jederzeit erfüllen zu können. Die Bundesanstalt für Finanzdienstleistungsaufsicht (BaFin) führt dazu bei den Versicherungsunternehmen laufende Überprüfungen durch, welche Auswirkungen die Finanzmarktkrise und das Engagement einzelner Versicherungsunternehmen bei z. B. Lehman Brothers, American International Group (AIG) oder Hypo-Real-Estate (HRE) auf die deutschen Versicherer hat. Im Ergebnis erkennt die Finanzaufsicht keine aktuelle Bedrohung für einzelne Versicherungsunternehmen.

Wie sicher legen Versicherungsunternehmen die Beiträge ihrer Kunden an?

- Lebensversicherer agieren am Kapitalmarkt als stete und langfristige Anleger. Die Auswahl der Kapitalanlagen erfolgt nach strengen Anlagevorschriften in einer breiten Streuung der Anlagekategorien. Der überwiegende Anteil der Kapitalanlagen der Versicherungsunternehmen wird in sicheren festverzinslichen Anlagen getätigt. Versicherungen sind daher von dem Rückgang an den Aktienmärkten nur eingeschränkt betroffen. Die Aktienquote der deutschen Versicherer liegt im Durchschnitt bei unter 8 %. Bei vielen Versicherern ist ein großer Teil der Aktienquote zusätzlich abgesichert. Darüber hinaus legen Versicherungen ihre Kapitalanlagen nach den von der Bundesanstalt für Finanzdienstleistungsaufsicht (BaFin) vorgegebenen Anlagegrundsätzen – Sicherheit, Rentabilität, Liquidität, Mischung und Streuung – an. Diese Vorschriften haben sich in der aktuellen Finanzmarktkrise bewährt.

Haben die deutschen Versicherer wegen der Finanzmarktkrise auch ein Liquiditätsproblem wie die Banken?

- Nein. Anders als Banken haben Versicherungen kein Liquiditäts- oder Refinanzierungsproblem, da sie laufende Prämien- und Zinseinnahmen haben. Die deutschen Vertragsverhältnisse mit den Versicherungsnehmern sind überwiegend sehr langfristig. Darüber hinaus sind den Versicherungen versicherungsfremde Geschäfte (Kreditgeschäfte, Bankgeschäfte) verboten. Auch aus diesem Grund sind die Versicherungen in Deutschland nicht auf eine Refinanzierung am Kapitalmarkt angewiesen.

Wie sicher ist meine Lebensversicherung, wenn ein Versicherungsunternehmen in Schieflage geraten sollte?

- Die Versicherungsprämien der Kunden werden in den Unternehmen in gesonderten Sicherungsvermögen geführt. Damit ist das Geld der Kunden sicher geschützt, wenn ein Versicherer in Schieflage geraten sollte, da es nicht in die Konkursmasse einfließen kann. Darüber hinaus sind alle deutschen Lebensversicherer beim gesetzlichen Sicherungsfonds »Protektor AG« Pflichtmitglied, so dass im Sicherungsfall jeder Lebensversicherungsvertrag gesetzlich geschützt ist. Für den Fall, dass ein deutsches Lebensversicherungsunternehmen in finanzielle Schieflage gerät und seine Geschäfte nicht fortführen kann, springt der gesetzliche Sicherungsfonds ein. Alle betroffenen Lebensversicherungsverträge werden dann auf die Protektor AG übertragen und von ihr fortgeführt. Die Erfüllung der Lebensversicherungsverträge und damit verbundene Garantieversprechen sind daher sicher. Nur im begründeten Ausnahmefall kann die Aufsichtsbehörde BaFin vertraglich garantierte Leistungen aus übernommenen Verträgen um maximal 5 % herabsetzen.[161]

Dies ist also der »offizielle« Standpunkt des Gesamtverbandes der Deutschen Versicherungswirtschaft e. V. (GDV) zur gegenwärtigen Finanzmarktkrise. Aber stimmen diese Argumente auch, oder sind sie nur Augenwischerei?

In diesem zweiten Teil meines Buches werde ich deshalb folgende Fragen beantworten:

- Wie entwickelt sich das Neugeschäft bei den Versicherern?
- Wie hoch ist die Stornoquote?
- Wie viel Kapital haben die Versicherer zur Verfügung, und wie haben sie dieses angelegt?
- Werden die Beitragseinnahmen aufgrund der zu erwartenden Arbeitslosigkeit sinken?
- Wie sicher sind Staatsanleihen, Bundeslandanleihen und Pfandbriefe?
- Können die Versicherer den Garantiezins noch erwirtschaften?
- Wie wirken sich »stille Lasten« auf die Versicherer aus?
- Hat es Auswirkungen auf Versicherungen, wenn Banken pleitegehen?
- Gibt es Lebensversicherer, die auf der »Kippe« stehen?
- Wie sicher ist es, dass die Auffanggesellschaft »Protektor« pleitegehende Versicherungen aufnehmen kann?
- Durch welches »zwielichtige« Vorgehen verschleiert das Bundesamt für Finanzdienstleistungsaufsicht (BaFin) das wahre »Standing« der Lebensversicherer?

Doch wenden wir uns zunächst einmal einem Fall aus den USA zu, dort, wo alles begann. Wie »sicher« sind also Versicherungen?

Versicherungen sind »sicher« I: AIG

Die American International Group, Inc. (AIG), ist ein großer weltweit tätiger Versicherungskonzern mit Hauptsitz in New York City, der im Jahre 1919 gegründet wurde.

Die AIG bietet Geschäfts- und Privatkundenversicherungen an und ist über sein Tochterunternehmen International Lease Finance Corporation Weltmarktführer im Flugzeug-Leasing. Der Konzern mit seinen etwa 116 000 Mitarbeitern in 130 Ländern bietet zudem viele weitere Finanzdienstleistungen an. Die AIG hat rund 74 Millionen Kunden, darunter viele Banken, Versicherungen, Großunternehmen, Städte und Gemeinden.[162]

Noch im Geschäftsjahr 2007 machte der Versicherungskonzern einen Umsatz von 110,1 Milliarden US-Dollar und wies einen Gewinn von 6,2 Milliarden aus. Ein Jahr später verbuchte die AIG einen Verlust von 99,3 Milliarden Dollar, weil sie sich mit hochspekulativen Papieren verzockt hatte. Allein auf das vierte Quartal entfielen 61,7 Milliarden Dollar. Das ist der höchste Verlust in der Wirtschaftsgeschichte, das ein Unternehmen jemals in einem einzigen Quartal gemacht hat.[163]

Daraufhin musste die US-Regierung den Versicherer mit 180 Milliarden Dollar stützen, um eine Katastrophe zu verhindern. Seit Herbst 2008 wird ein Anteil von 80 % an dem Unternehmen vom amerikanischen Staat kontrolliert. Doch die Sorge nimmt zu, dass die Rettungspakete nicht reichen.

Das hat gute Gründe, denn der Marktwert der AIG brach in den vergangenen zwölf Monaten um rund 99 % ein. Eine Aktie kostete zeitweise nur noch 42 US-Cent. Nimmt man den Börsenkurs, ist das Versicherungsunternehmen nur noch rund eine Milliarde Dollar wert.[164] Trotz der Finanzspritzen ist das Überleben von AIG noch keinesfalls klar. Zwar ist es dem Konzern bislang gelungen, eine Billion Dollar im Portfolio von AIG Financial Products zu liquidieren, doch dieses Portfolio bleibt trotzdem sehr groß: 1,6 Billionen Dollar. Zudem enthält es weiterhin substanzielle Risiken.[165]

Und auch der Anteil an gehaltenen toxischen Wertpapieren (s. Kapitel 1.2) ist noch sehr hoch. Ende 2008 waren das immerhin noch 234 Milliarden Dollar.[166]

Was aber hat die Fast-Pleite eines der größten US-Versicherer mit Deutschland zu tun? – Sehr viel.

In der deutschen Bankenbranche heißt es: Wenn die AIG pleitegeht, fällt alles zusammen, denn weltweit ist kein anderer Versicherungskonzern so mit Banken, Versicherungen, Hedgefonds und Pensionsfonds verbunden. Die AIG gilt als »Herz« der Kapitalmärkte und war der größte Versicherer der Wall Street: Viele Banken rund um den Globus sicherten ihren Handel mit Immobilien-, Auto- und Kreditkartenkrediten, darunter aber auch Ramschhypotheken, über den Versicherer ab. Als Mitte 2008 viele Schuldner ihre Kredite nicht mehr tilgen konnten, verloren auch die darauf basierenden Finanzprodukte an Wert. Mit fatalen Folgen für die AIG: Vertragspartner verlangten mehr Sicherheiten, die man nicht hatte, so nahm das Desaster seinen Lauf.[167]

Der US-Staat gab viel Geld, aber die AIG wollte nicht enthüllen, mit welchen Firmen sie bislang Geschäfte gemacht hatte. Dies war jedoch Bedingung für die staatliche Hilfe.

Monatelang wehrte sich die AIG gegen die Herausgabe der Namen jener Geschäftspartner, mit denen sie verstrickt war. Aber nicht nur der Versicherungskonzern war gegen eine Offenlegung der Namen, auch Donald Kohn, der Vizechef der amerikanischen Notenbank Fed, wehrte sich. Die Bekanntgabe der Namen, so Kohn, hätte weltweite Erschütterungen zur Folge und Firmen würden sich zunehmend weigern, mit der AIG Geschäfte zu machen, die Hilfe vom Staat erhält. Das würde die Probleme noch verschärfen und das Risiko auf den Finanzmärkten erhöhen.[168]

Doch der politische Druck wurde zu groß. In einer Pressemitteilung ließ die *AIG* schließlich verlauten: *»Wir erkennen die Notwendigkeit, bei der Verwendung von öffentlichen Geldern einen hohen Grad an Transparenz zu bewahren.«* Deshalb legte die AIG schließlich *»be-*

stimmte Gegenparteien« bei Kreditausfallsderivaten (Credit Default Swaps), der Verleihung von Wertpapieren und bei Geschäften mit Kommunen offen.[169]

Hintergrund: Derivate

Finanzinstrumente, deren Preise sich nach den Kursschwankungen oder den Preiserwartungen anderer Investments richten. Derivate sind so konstruiert, dass sie die Schwankungen der Preise dieser Anlageobjekte überproportional nachvollziehen.
Daher lassen sie sich sowohl zur Absicherung gegen Wertverluste als auch zur Spekulation auf Kursgewinne des Basiswerts verwenden. Zu den wichtigsten Derivaten zählen Zertifikate, Optionen, Futures und Swaps.[170]

Das Geschäftsgebaren der AIG und der damit verbundenen Finanzinstitute kann man am besten illustrieren, indem man die Liste jener Unternehmen ansieht, die von der AIG Rückzahlungen erhalten haben. Das Portal der *Wirtschaftswoche* hat diese veröffentlicht:

»22,4 Milliarden Dollar musste AIG den Gegenparteien seiner Kreditausfallsderivate überweisen. Denn AIGs Derivate hatten für den Versicherer einen furchtbaren Haken: Bei einer Verschlechterung des Marktumfelds und der Herabstufung von Bonitätsnoten können Gegenparteien zusätzliche Sicherheiten verlangen – in bar, wohlgemerkt.

Das haben sie auch getan:

- *12,1 Milliarden Dollar zahlte AIG an Kommunen, ein Großteil davon in US-Bundesstaaten. Sie hatten bei der AIG eine Art festverzinsliche Wertpapiere, sogenannte Guaranteed Investment Agreements (GIA), gezeichnet. Diese Wertpapiere bestehen aus strukturierten Investments, die einen festen Zins garantieren.*

- *Die Société Générale hat 4,1 Milliarden Dollar erhalten, die Deutsche Bank 2,6 Milliarden, Goldman Sachs strich 2,5 Milliarden Dollar ein.*

- *12,5 Milliarden Dollar benötigte AIG, um fällig werdende Verbindlichkeiten zu bedienen.*

- *43,7 Milliarden Dollar wurden für Verbindlichkeiten verwendet, die AIG aus dem Verleih von Wertpapieren entstanden waren. Auch hier war die Deutsche Bank ganz vorne dabei: Sie erhielt 6,4 Milliarden Dollar von der AIG – nur die britische Barclays Bank bekam noch mehr, nämlich 7 Milliarden. Bei diesen Geschäften hat die AIG Wertpapiere verliehen – großteils an Hedgefonds, die diese Papiere leerverkauft hatten. Eigentlich ein sicheres Geschäft, doch auch hier hatte AIG mit dem Feuer gespielt. Denn die AIG inves-tierte das Einkommen aus diesem Verleih wiederum in Subprime-Papiere, um höhere Renditen zu erzielen. Doch der Wert der Subprime-Papiere ist seither stark gefallen.*

- *Knapp fünf Milliarden Dollar gab die AIG als Eigenkapital an ihre Finanzeinheit mit dem unauffälligen Namen Maiden Lane III weiter. Diese wurde von der US-Notenbank und der AIG ins Leben gerufen, um die AIG aus den toxischen CDS-Geschäften herauszukaufen.*

- *Der letzte Posten der Liste ist eigentlich der spannendste: Denn wie eine weitere Tabelle der Pressemitteilung zeigt, hat die US-Notenbank Fed für Maiden Lane III nochmals Geld bereitgestellt. Insgesamt 27,5 Milliarden Dollar hat das AIG-Finanzvehikel für den Rückkauf von CDS-Kontrakten ausgegeben. Die Liste zeigt auch, mit wem die Verträge rückabgewickelt wurden: An vorderster Stelle steht die Société Générale, von der AIG für 6,9 Milliarden Dollar CDS-Verträge zurückkaufte. Danach folgen Goldman Sachs (5,6 Milliarden), Merrill Lynch (3,1 Milliarden) und die Deutsche Bank (2,8 Milliarden).«* [171]

Folgende Geschäftspartner der AIG wurden vom 16. September bis 31. Dezember 2008 aus dem staatlichen Hilfspaket der US-Regierung bedient, die mit dem Konzern »komplizierte Derivativgeschäfte« [172] abgeschlossen hatten:

Empfänger:	Zahlungen in Mrd. US $
Goldman Sachs	12,9
Société Générale	11,9
Deutsche Bank	**11,8**
Barclays	8,5
Merrill Lynch	6,8
Bank of America	5,2
UBS	5,0
BNP	4,9
HSBC	3,5
Dresdner Bank	**2,6**
Calyon	2,3
Citigroup	2,3
DZ Bank	**1,7**
Wachovia	1,5
ING	1,5
Morgan Stanley	1,2
Bank of Montreal	1,1
Rabobank	0,8
Royal Bank of Scotland	0,7
KfW	**0,5**
JP Morgan	0,4
Credit Suisse	0,4
Banco Santander	0,3
Danske	0,2
Reconstruction Fin.	0,2
Paloma Securities	0,2
Citadel	0,2
LBBW	**0,1**

Tabelle 4: Höhe der Summe, die Geschäftspartner der AIG aus dem US-Hilfsfonds erhalten haben. Quelle: AIG[173]

Auch viele deutsche Kommunen und Gemeinden wie Bochum, Gelsenkirchen oder Recklinghausen dachten eine perfekte »Geldmaschine« gefunden zu haben, und Not macht ja äußerst erfinderisch: Sie vermieteten ihre Klärwerke oder Müllverbrennungsöfen langfristig an Geldgeber in den Vereinigten Staaten, um sie im selben Moment wieder zurückzumieten. Bei diesem ungewöhnlichen Deal gewannen beide: Die US-Investoren konnten ihren Einsatz von der Steuer absetzen und teilten ihren Gewinn mit den deutschen Gemeinden. Dieses »Spiel« wurde oft durch die AIG als Garantiegeber abgesichert.[174]

Wenn die AIG jedoch wackelt, müssen die Kommunen eigene Sicherheiten stellen oder sich Ersatz besorgen. Etwa 150 solcher Abkommen gibt es in Deutschland, und sollte der US-Versicherer ausfallen, schulden die – sowieso schon maroden – Kommunen ihren US-Investoren etwa 30 Milliarden Dollar.[175] Das wäre eine Katastrophe.

Aber auch die KfW-Gruppe steht auf der Kundenliste der AIG, wie *DER SPIEGEL* herausgefunden hat: *»Seit Jahren verpacken und verkaufen die Staatsbanker von Finanzminister Peer Steinbrück Kredite an heimische Häuslebauer und Mittelständler in Milliardenhöhe. Die Papiere sind laut Insidern oftmals von der AIG versichert. Im Konkursfall müsste die KfW einen neuen, teuren Garantiegeber finden.«* [176]

Das größte Problem mit dem US-Megaversicherer haben allerdings unsere Banken beziehungsweise ihr Kreditgeschäft, denn häufig hatten die Ratingagenturen den hochriskanten Finanzprodukten nur deshalb Bestnoten verliehen, weil die AIG der Garantiegeber war. Die Folge: Kreditversicherungen von über 400 Milliarden Dollar schützen Bankdepots – natürlich auch in Deutschland. Eine Pleite der AIG hätte demnach verheerende Folgen, weil etwa die Bewertungen der versicherten Pakete noch weiter abstürzen würden.[177]

Hintergrund: Credit Default Swap (CDS)

Ein CDS ist ein Kreditderivat zum Handeln von Ausfallrisiken von Krediten, Anleihen oder Schuldnernamen. Der Sicherungsnehmer bezahlt regelmäßig eine Gebühr, für die er vom Sicherungsgeber eine Ausgleichszahlung erhält, sofern der in dem CDS-Vertrag bezeichnete Referenzschuldner ausfällt.

Diese erhält er jedoch unabhängig davon, ob ihm durch den Ausfall des Schuldners überhaupt ein Schaden entstanden ist. Mit Credit Default Swaps kann man also unabhängig von bestehenden Kreditbeziehungen Kreditrisiken handeln.[178]

Im veröffentlichten *Jahresabschluss der AIG* heißt es, dass *»europäische Finanzinstitute«* über Derivativgeschäfte Garantien in Höhe von 234 Milliarden Dollar bekommen haben.[179] Die Euro-Banken haben einen Großteil von AIGs CDS-Kontrakten mit höchster Bonitätsstufe gekauft, die mittlerweile längst nicht mehr sicher sind, und wenn AIG schließlich seine Finanzprodukte-Sparte sperrt oder gar doch pleitegeht, dann müssen sich Europas Banken auf lebensbedrohliche Milliarden-Abschreibungen gefasst machen.[180]

Dies ist gar nicht so abwegig, denn seit langem hält sich ein Gerücht hartnäckig in Finanzkreisen: Angeblich sollen die Amerikaner versuchen, ihre eigenen Banken so rasch als möglich aus dem Schlamassel mit toxischen Papieren zu befreien, und sobald sie das erreicht haben, wollen sie die AIG endgültig in die Pleite schicken. Das wäre mehr als ein Erdbeben für die europäischen Banken, denn sie müssten ihre toxischen Papiere dann ohne Gegenwert abschreiben, was sogar die Deutsche Bank in eine lebensbedrohliche Schieflage bringen könnte.[181]

Das betrifft zwar nun nicht direkt die Lebensversicherer, aber mittelbar, da diese ihr Kapital als Anleihen bei diesen Banken investieren (s. Kapitel 1.4 und 2.4). Eine Bankenpleitewelle würde also dann auch die Lebensversicherer schwer treffen.

Die AIG selbst tritt die Flucht nach vorne an: Aufgrund der negativen Berichterstattung wurde das operative Geschäft kurzerhand unter dem neuen Namen AIU (American International Underwriters) abgespalten.[182]

Versicherungen sind »sicher« II: Die Mannheimer

Seit Ende des Zweiten Weltkrieges hatte die Versicherungsbranche in Deutschland keine Pleite mehr erlebt. Fast 60 Jahre später war es dann so weit: Die Mannheimer Versicherung ging pleite und konnte nur mit Mühe gerettet werden. Die Versicherung hatte sich an den Börsen verspekuliert und als Folge daraus gewaltige Lasten in ihrer Bilanz.[183] Die falsche Anlagepolitik bescherte dem Unternehmen im ersten Quartal 2003 einen Konzernfehlbetrag von rund 67 Millionen Euro und einen Bestand an stillen Lasten von rund 240 Millionen Euro.[184] Dies war alleine nicht mehr zu schultern.

In einem Artikel in der *WELT* schrieb *Jan Dams: »Nun mag die bevorstehende Pleite der Mannheimer wie ein Einzelfall wirken. Schließlich gehört die Firma eher zu den Zwergen der Versicherungslandschaft. Doch ihre Lage ist symptomatisch für viele: Der Börsenboom war schon zu Ende, da legten die Versicherer die Gelder ihrer Kunden noch in Aktien an. Weil die Kurse weiter fielen, verspekulierten die Unternehmen Milliarden. Manche schreiben seit drei Jahren Verluste. Das zehrt die Substanz auf. Die Mannheimer wird wohl nicht der letzte Pleitekandidat sein.«* [185]

Am 1. Oktober 2003 übernahm die Auffanggesellschaft Protektor schließlich den Kundenbestand (etwa 345 000 Verträge[186] samt Kundengeldern und Verzinsung) in Höhe von 193 Millionen Euro,[187] nachdem sich die Versicherungswirtschaft nicht auf eine gemeinsame Kapitalerhöhung für den schwer angeschlagenen Konkurrenten einigen konnte. Mit der Übernahme durch die Auffanggesellschaft war die Fortführung und Erfüllung laufender Verträge sichergestellt.

Dieses Beispiel belegt: Versicherungen sind nicht so »sicher«, wie man das in der Öffentlichkeit gerne darstellen möchte. Zwar gibt es die Auffanggesellschaft Protektor, doch diese kann bei gleichzeitig drohenden Versicherungspleiten schnell überfordert sein (s. Kapitel 2.10).

Versicherungen sind »sicher« III: Die Bayerische Beamten Versicherung

Im März 2009 geriet die Bayerische Beamten Versicherung (BBV) wegen ihres hohen Engagements bei der Aareal Bank und Abschreibungen auf Aktien in Schwierigkeiten. Damit geriet zum ersten Mal ein deutscher Versicherer in direkter Folge der Finanzkrise in Not.[188]

Unternehmenschef *Rolf Koch* bestätigte Informationen der Financial Times Deutschland (FTD), wonach es Gespräche mit anderen Versicherern über eine mögliche Partnerschaft gebe. Interesse zeigten demnach die Signal-Iduna-Gruppe und die HUK-Coburg. *»Aber es ist unzutreffend, dass die BaFin uns zu einer Fusion drängt«*, sagte Koch zu entsprechenden Gerüchten.[189]

Und auf Spekulationen, ob die BBV die Gespräche nur führen »musste«, um großen Schwierigkeiten (etwa einer drohenden Pleite?) zu entgehen, erklärt Koch diplomatisch: *»In einem dynamischen Markt wie der Versicherungsbranche sind Gespräche über strategische Optionen der Zusammenarbeit mit anderen Marktteilnehmern nicht unüblich – umso mehr bei einem von der Finanzkrise geprägten Umfeld. Selbstverständlich sondiert auch die BBV die Chancen, auf diesem Wege den langfristigen Unternehmenserfolg, eine kostengünstige Verwaltung und ein attraktives, kundenorientiertes Leistungsangebot abzusichern. Dies hat im vergangenen Jahr unter anderem zu der Entscheidung geführt, im Hinblick auf die Änderungen durch die Gesundheitsreform die BBV-Krankenversicherung AG zu veräußern und eine Vertriebskooperation mit der Versicherungskammer Bayern einzugehen.«* [190]

Die BBV hält 8,94 % an der Aareal Bank, die wiederum im Jahre 1923 mit Hauptsitz in Wiesbaden gegründet wurde.

Die Bank im Selbstporträt:

»Unser Fokus ist das Geschäft mit Kunden aus der gewerblichen Immobilien- und Wohnungswirtschaft. Darin sind wir der Spezialist für Spezialisten – und das in mehr als 25 Ländern. In den Wachstumsmärkten Europa, USA und Asien bauen wir unsere gute Position energisch aus. Wir bieten Finanzierung, Beratung und Service. Unsere nationalen und internationalen Kunden begleiten wir als Finanzierungspartner und Dienstleister.« [191]

Der *»Spezialist für Spezialisten«* wurde jedoch vom Staat, sprich Steuerzahler, massiv unterstützt: Der staatliche Rettungsfonds Soffin (Sonderfonds Finanzmarktstabilisierung) hatte der Aareal Mitte Februar 2009 mit einer stillen Einlage von 525 Millionen Euro und Garantien bis vier Milliarden Euro unter die Arme gegriffen. *»Die Unterstützung des Soffin für die Aareal Bank war nützlich«*, gab Koch zu. Da der Wert der Aareal-Aktien stark zurückging (seit Mitte 2007 um über 90 %)[192] drohten der BBV – Berichten zufolge – als »Worst Case« Abschreibungen von bis zu 80 Millionen Euro. Das ist viel Geld für den kleinen Versicherer, der im Jahr 2007 gerade mal 430 Millionen Euro Prämieneinnahmen verbuchen konnte.[193]

Doch Koch beruhigt und sieht sich unverändert als *»eine stabile und selbstständige Unternehmensgruppe«*. Zwar habe die Finanzkrise – hier vor allem der Rückgang des Aktienkurses der Aareal Bank, an der die BBV eine 8,94-%ige Beteiligung hält – auch bei der BBV die Unternehmensergebnisse *»beeinträchtigt«*, was sich teilweise in rückläufigen Kennzahlen auswirkt, heißt es in einem offiziellen Statement, aber *»die langfristige Stabilität der Gesellschaften bleibt selbstverständlich unverändert bestehen.«* [194]

Das rief auch den Vorsitzenden der Hauptgeschäftsführung im Gesamtverband der Deutschen Versicherungswirtschaft (GDV), *Jörg von Fürstenwerth*, auf den Plan, der in einer Erklärung zur Lage der Bayerischen Beamten Versicherung in gewohnter Manier antwortete (»Versicherungen sind sicher«): *»Nach unserer Kenntnis liegt für die Bayerische Beamten Versicherung keine Gefährdung vor.«* [195]

Dabei ist die BBV bei Weitem nicht die einzige Versicherung, die an der Aareal-Bank beteiligt ist, auch die Schweizerische Lebensversicherungs- und Rentenanstalt (8,94 %), die Deutscher Ring Gruppe (5,25 %), die Condor-Lebensversicherungs AG (1,36 %) und die Versorgungsanstalt des Bundes und der Länder (6,68 %) halten Aktien.[196]
Es bleibt zu hoffen, dass die Bank mit der Unterstützung der Steuerzahler nicht nochmals in eine Schieflage gerät – und mit ihr jene Versicherungen, die Aktien halten.

Versicherungen sind »sicher« IV: Ein Insider packt aus

»Marc«, ein Rentenmakler und Insider aus Luxemburg, packt im Börsenbrief Heibel-Ticker[197] aus und bringt ans Tageslicht, welche Risiken die Lebensversicherer in den vergangenen Jahren eingegangen sind: In früheren Zeiten hatten diese Schuldscheindarlehen, sprich direkte Kredite von bestimmten Unternehmen auf 30 Jahre gekauft, die zwar nicht sehr viel Rendite brachten, dafür aber recht sicher waren. Doch in den letzten fünf bis sechs Jahren kauften die Versicherungen nur noch sogenannte »Strukturen«, das sind reine Wetten, mit einer Wahrscheinlichkeit von 50 %, die dann auf 30 Jahre hochgerechnet wurden. Strukturen mit spanischen, britischen oder italienischen Emittenten (Herausgebern von Wertpapieren) versprachen dabei die höchsten Profite. Diese Bonds oder Knock-Outs werden im Wertpapierhandel meist nur »Strukturen« genannt, da sie, je nach Bedarf, »zusammengebastelt« werden. Das passiert im Normalfall erst ab 10 Millionen Euro aufwärts. WKNs (Wertpapier-Kenn-Nummern) werden bei solchen Produkten meistens nicht vergeben, weil die Versicherungen oft Namenspapiere wollen, was auch weniger Aufsicht bedeutet.

Der Insider zu den Strukturen: *»Und damit sind unsere LV [Lebensversicherungen, Anmerkung des Verfassers] bis zur Halskrause voll. Sprich, die Wahrscheinlichkeit der Rückzahlung ist gering, die Zinszahlung fast ausgeschlossen und das Risiko auf lange Zeit nach hinten verlagert. Nur, dass die Versicherungen gleichzeitig fällige LV ausbezahlen sollen. Von was, frage ich Sie nun? Da die LV zudem keine Renditen mehr bieten, werden kaum noch neue abgeschlossen. Heißt kein frisches Geld. Das System funktioniert aber nur so, dass neues Geld her muss, um die Versicherungen ausbezahlen zu können. Also muss die Versicherung an die Substanz gehen. Dort befinden sich aber eben mittlerweile fast nur noch unverkäufliche Strukturen. Wird Ihnen das Problem bewusst? Es wird verkauft, was da ist. Für Aktien bekommt man wenig, aber zumindest noch etwas – also werden die verkäuflichen Pfandbriefe/Namenspapiere von Sparkassen oder Volksbanken oder Geschäftsbanken, welche gedeckt sind, zu Schleuderpreisen verkauft – sprich wir* *bewegen uns auch von dieser Seite auf einen Rentenknall/-crash zu, denn da gibt es noch einiges an Beständen, und die Versicherungen wollen ja nicht öffentlich auffliegen, denn sonst zieht jeder sein Geld von den Versicherungen ab. Jeder, der zumindest denken kann. Ein kaputter und trauriger Kreislauf.«* [198]

Viele Lebensversicherer haben demnach langlaufende Wetten in ihren Beständen, die heute nicht mehr viel wert sind. Auch die Bankenverbände oder Landesbanken haben in den letzten Jahren Strukturen mit großer Gewinnmarge gekauft (s. Kapitel 1.2). Der Vorteil: Man konnte hohe Provisionen mit einrechnen, und nach außen hin sah die Anlage trotzdem noch deutlich besser aus als vergleichbare festverzinsliche Wertpapiere. Und da viele Banken auch mit Lebensversicherungskonzernen verbunden sind, hat das ebenfalls Auswirkungen. [199]

Rentenmakler Marc gibt hierfür ein Beispiel: Eine Sparkasse will sich günstig Geld besorgen. Die entsprechende Landesbank geht dann z. B. zu Goldman Sachs, das ist eine US-Investmentbank, macht aus diesen Sparkassenschuldscheinen eine 30-jährige Struktur mit vielen, sehr vielen Derivaten (das sind Finanzinstrumente, deren Preise sich nach den Kursschwankungen oder den Preiserwartungen anderer Investments richten und so konstruiert sind, dass sie die Schwankungen der Preise dieser Anlageobjekte überproportional nachvollziehen) und »wettet« darauf. Diese Struktur wird dann an die sparkasseneigene Lebensversicherung (im Gegensatz zu einem normalen Schuldscheindarlehen) zu einem konkurrenzlos günstigen Preis verkauft. Problem: Die ganze Konstruktion besteht nur noch aus Wetten, die dann unverkäuflich sind.[200]

»Es ist wie bei einem Schneeballsystem«, erläutert *Marc. »Die Ersten gewinnen, die Letzten werden gebissen und bleiben auf der Strecke. Hätte ich weitergemacht, hätte ich noch sehr viele ertragreiche Jahre gesehen, könnte mich heute aber nicht mehr im Spiegel betrachten. Ohne mich loben zu wollen, tauschte ich im Jahr 2001 bereits meine gesamte (!) Altersversicherung in Goldmünzen – meine Frau hält mich heute noch dafür für absolut verrückt! Meiden Sie Lebensversicherungen wie der Teufel das Weihwasser!«* [201]

Versicherungen sind »sicher« V: Giftiger Finanzsondermüll

In nahezu jedem Finanzprodukt, ob Lebensversicherungen, Betriebsrenten oder Investmentfonds kann also giftiger Finanzsondermüll stecken. Raffgierige Geldverwalter und ahnungslose, überforderte Banker griffen vorschnell zu undurchschaubaren Anlagekonstruktionen. Derivative bringen zwar in der Regel etwa 1,5 Prozentpunkte mehr Rendite als herkömmliche Papiere wie etwa Staatsanleihen, aber dafür ist das Risiko nicht abzuschätzen. In einer solchen Konstruktion können oft Hunderte dubiose Papiere und damit auch Hunderte von Risiken versteckt sein.

Der viertgrößte öffentliche Lebensversicherer Provinzial Rheinland mit einem Volumen von 10 Milliarden Euro festverzinslicher Geldanlagen zum Beispiel hat knapp 600 Millionen Euro in sogenannte Asset-Backed Securities (ABS) angelegt, also jene Papiere, in denen sich verschachtelt Kredite befinden und von denen viele als »toxische« Wertpapiere bezeichnet werden. Rund 5 % des Versicherten-Kapitals von insgesamt 11,9 Milliarden Euro waren Anfang 2008 solcher Giftmüll, und um 122 Millionen Euro musste die Versicherung den Wert der ABS korrigieren – weitere Verluste nicht ausgeschlossen. Wegen 340 Millionen Euro brach die Nettoverzinsung um mehr als die Hälfte auf nur noch 2,1 % ein. Das jedenfalls schreibt die Wirtschaftswoche.[202] Und auch die Provinzial Nordwest schrieb für das Vorjahr 606 Millionen Euro ab, davon 84 Millionen Euro bei ABS. Gerling und Allianz haben die Gelder ihrer Versicherten ebenso in Papiere gesteckt, deren Konstruktion selbst Fachleute nicht verstehen: *»Die Papiere sind massiv abgerutscht und mangels Handel unverkäuflich«.*[203]

Die *Wirtschaftswoche* weiter: *»Bei der Nürnberger Versicherungsgesellschaft warnte die Ratingagentur Fitch Mitte Juni vor einem überdurchschnittlichen Anteil an strukturierten Produkten im Depot und stufte ein Rating der Nürnberger-Holding von ›A‹ auf das mittelmäßige Niveau ›BBB+‹ herab. Die Agentur begründete das mit ›erheblichen Verlusten und Wertminderungen in den Kapitalanlagen‹.«* [204]

Laut Finanzaufsicht BaFin hatten die Lebensversicherer Ende 2008 insgesamt 11 Milliarden (!) Euro in ABS angelegt, bei jedem achten Versicherer stecken über 3 % dieser Kapitalanlagen, bei dreien sogar über 5 %.[205]

»*Wegen der Verwerfungen am Finanzmarkt haben auch Lebensversicherer viel Geld verbrannt*«, sagt *Tim Ockenga*, Analyst bei der Ratingagentur Fitch. »*Einige Versicherer werden unter den Lasten leiden und wahrscheinlich auch 2009 eine Nettoverzinsung deutlich unter dem langjährigen Durchschnitt ausweisen.*«[206]

Seit Langem ist absehbar, dass die Weltschuldenkrise die Lebensversicherer ähnlich hart trifft wie die Banken, nur wurde das bisher immer und immer wieder mantragleich verneint. Jetzt lüftet sich allmählich der Schleier.

Haben sich auch die Lebensversicherer also verspekuliert? Die Branche versucht zu beschwichtigen, weil Versicherungen ihr Geld konservativer anlegen müssen als Banken. Laut Gesetz dürfen sie nur 35 % ihres Vermögens in Anlagen mit höherem Risiko investieren. Im Durchschnitt liegt der Aktienanteil der Konzerne heute zwischen 10 und 15 % und im Subprime-Segment, das die Finanzkrise ausgelöst hat, sind sie nur mit 0,32 % (ca. 3,7 Milliarden Euro) beteiligt.[207] Dennoch halten sie auch Anleihen. Diese wurden seither als »sicher« eingestuft. Aber sind sie es auch? Wie ich bereits im Kapitel 1.4 belegt habe, können ganze Staaten pleitegehen und deren Staatsanleihen wären somit de facto nichts mehr wert. Inwieweit Lebensversicherer in Anleihen und Pfandbriefen investiert haben, werde ich später darlegen.

Jetzt wende ich mich den Ratingagenturen zu, die aus Sicht vieler Kritiker eine Hauptschuld an der gegenwärtigen Weltschuldenkrise tragen.

2.3 Die Verantwortung der Ratingagenturen

Weltweit verkauften Banken untereinander Kreditbündel mit oft schlechter Bonität und verließen sich dabei häufig auf das Urteil »renommierter« US-Ratingagenturen wie Standard & Poor's, Moody's oder Fitch, die in der Branche auch »The Big Three« genannt werden und seit Langem den Markt beherrschen:

Name	Mitarbeiter	Umsatz	Gewinn	Marktanteile
Fitch	3000	882 Mio. $	246 Mio. $	≈16 %
Moody's	3900	1755 Mio. $	748 Mio. $	≈39 %
Standard & Poor's	8500	2654 Mio. $	1055 Mio. $	≈40 %

Tabelle 5: Die größten Ratingagenturen. Unternehmenszahlen 2008, Marktanteile 2007. Quelle: DER SPIEGEL 19/2009

Die Ratingagenturen bewerteten die Pakete, die auch »toxische« Kredite aus dem Subprime-Markt (s. Kapitel 1.1) enthalten konnten, oft mit guten Bonitäts-Ratings. So kauften Banken häufig Verbindlichkeiten, ohne darauf zu achten, was für Kredite in den Bündeln überhaupt enthalten waren, weil sie sich auf die Angaben der Ratingagenturen verließen. Und so wurde das – bis dahin eher begrenzte Problem der US-Immobilienfinanzierer – zu einem globalen Flächenbrand.

Mit ihren Fehlbeurteilungen wogen die Ratingagenturen die Anleger bis kurz vor dem Crash in Sicherheit, die deren Top-Noten blind vertrauten, weil sie Gewinn und Stabilität versprachen. Sogar noch **einen** Tag vor dem Konkurs von Lehman Brothers war ihnen die US-Bank noch Top-Noten wert! Auch für andere Pleite- und Beinahe-Pleiteunternehmen wie AIG, Bear Stearns oder Merrill Lynch und bei Subprime-Hypothekenpapieren vergaben sie bis zuletzt Traumnoten.[208]

Und das scheint keineswegs »professionelles Versagen« gewesen zu sein, denn die *US-Börsenaufsicht SEC* veröffentlichte in einem Untersuchungsbericht auch E-Mails von Agenturanalysten. Dort hieß es etwa: *»Selbst wenn Kühe diesen Deal zusammenstellten, würden wir ein Ra-*

ting herausgeben«, oder: »*Hoffentlich sind wir alle reich und im Ruhestand, wenn dieses Kartenhaus zusammenfällt.«* [209] Für *Jochen Sanio*, Präsident der Bundesanstalt für Finanzdienstleistungsaufsicht gehören die Ratingagenturen zu den »*Hauptschuldigen der Krise«*. Sie hätten das Rating von strukturierten Produkten »*als Profitmaschine betrieben«*.[210]

Dr. Oliver Everling von Everling Advisory Services kritisiert das System: »*Anspruchsvolle mathematisch-statistische Methoden kamen auf Basis kaum praxiserprobter theoretischer Annahmen für die Analyse neuer Finanzinstrumente zur Anwendung, für die es keine historischen Beispiele oder Erfahrungswerte gab … Die Konzentration von Befugnissen auf wenige Akteure steigert das Risiko katastrophaler Fehlallokationen.«* [211]

Benoit Claire, Vorstandsvorsitzender der Coface Deutschland AG, einem der weltgrößten Kreditversicherer, macht klar, dass die drei großen US-amerikanischen Ratingagenturen erheblich zur Krise beigetragen haben. Die Finanzkrise wäre ohne deren massenhafte Triple-A-Bewertungen für komplexe und toxische Finanzprodukte nicht eingetreten. Eine Selbstverpflichtung der Ratingagenturen, wie sie vor der Krise bereits angestrebt war, reiche nicht aus. Es nütze nichts, wenn man weiß, dass die Verfahren korrekt waren, aber die Ergebnisse falsch. Deshalb muss auch eine statistische Erfolgskontrolle eingeführt werden, die es bislang nicht gibt. Claire tritt dafür ein, dass die Agenturen nachweisen, dass sie die Objekte, die sie bewerten, auch verstehen.[212]

Hintergrund: Die Aufgaben von Ratingagenturen

Ratingagenturen geben »unabhängige« Urteile über die Ausfallwahrscheinlichkeit von Unternehmen, Regierungen[213] und Finanzinstrumenten ab. Sie bewerten die Wahrscheinlichkeit, ob die genannten Akteure ihre Schulden zurückzahlen können.

Zudem benoten sie Finanzprodukte. Das Ergebnis dieser Bewertung wird in einer Note – dem sogenannten »Rating« – ausgedrückt. Die Urteile der Ratingagenturen haben eine große Auswirkung auf die Verfügbarkeit von Kredit und die Kreditkosten für Kreditnehmer/Emittenten.[214] Sie können auch über den Erfolg und das Scheitern von Anleihen, strukturierten Finanzprodukten und ganzen Unternehmen entscheiden. Denn: Stufen die Agenturen ein Unternehmen herab, muss dieses häufig schnell frisches Kapital besorgen, und große Fonds verkaufen häufig ihre Beteiligungen.

Das Hauptproblem liegt wohl darin, dass die Agenturen sich ihre Ratings ausgerechnet von den Unternehmen bezahlen lassen, die jene Papiere und Anleihen herausgeben, die sie bewerten sollen. Diese Unternehmen wollen natürlich, wenn sie schon viel für eine Bewertung bezahlen, möglichst Topnoten erhalten. Anders ausgedrückt: Die Agenturen bewerteten Finanzprodukte, bei deren Herstellung sie als Berater selbst mitgewirkt haben.

Deshalb fordern Kritiker bei der Werbung mit den Ratings einen Zusatz, der so lauten könnte: »Achtung, dieses Rating wurde vom Herausgeber dieses Wertpapiers bezahlt.«[215] Das wäre jedenfalls ehrlicher als die Mogelpackungen, die es bis jetzt gab.

Die Politik hat überraschend schnell reagiert: In der EU gelten seit Ende April 2009 verschärfte Regeln für Ratingagenturen: Es gibt eine »Registrierungspflicht«, und mindestens drei Aufsichtsratsmitglieder müssen »finanziell unabhängig« sein. Interne Kontrollen müssen zudem in regelmäßigen Abständen die Arbeiten der Analysten prüfen.

Das alles dürfte jedoch die »Macht« der »Big Three« nicht brechen, denn aufgrund der toxischen Portfolios vieler Banken werden diese Kreditinstitute ausgerechnet von den Ratingagenturen herabgestuft, die jenen Produkten gute Noten gaben. Die Herabstufungen der Bonitätsnoten der Bankbilanzen lösen dort ein Chaos aus, denn sie schlagen voll auf die Kapitaldecke durch: Je höher das Risiko bei einer Bank eingestuft wird, desto mehr Eigenkapital muss sie vorhalten, so will es das Aufsichtsrecht, im Fachjargon auch »Basel II« genannt.

Beispiel: Eine Ratingagentur bewertet ein 1-Million-Euro-Papier mit der Note »AAA« (s. u.). Die Bank braucht dann nur 5600 Euro Eigenkapital dafür »auf die Seite zu legen«, bei der Note »BA1« sind das aber schon 200 000 Euro, und bei »B1« muss schon die ganze Million vorgehalten werden.[216] Dadurch hat die einzelne Bank aber immer weniger Geld für die dringend benötigte Kreditvergabe zur Verfügung. Das ist dann ein Teufelskreis.

Die verschiedenen Bewertungsstufen am Beispiel von Standard & Poor's:

AAA	maximale Sicherheit
AA+/AA/AA-	hoch qualitativ
A+/A/A-	hochwertig
BBB+/BBB/BBB-	weniger hochwertig
BB+//BB/BB-	unsicheres Investment
B+/B/B-	hoch spekulativ
CCC+/CCC/CCC-	riskant, Ausfälle möglich
D	in Zahlungsverzug[217]

2.4 Wie Lebensversicherer unser Geld angelegt haben

Untersuchen wir nun, was die Lebensversicherer mit unserem Geld tun und wie sie es tatsächlich angelegt haben. Laut Gesamtverband der deutschen Versicherungswirtschaft e. V. (GDV) haben sie das Kapital der Versicherten zu gut 85 %[218] in festverzinsliche Papiere investiert, also in Anleihen und Darlehen von Banken, wobei der größere Teil auf Pfandbriefe entfällt. Den Pfandbriefen dienen Hypothekendarlehen und öffentlich-rechtliche Forderungen als Sicherheiten. Im Einzelnen sind dies:

Hypotheken	**9,2 %**
Darlehen	**29,3 %**
davon	
Darlehen an Kreditinstitute	62,4 %
Darlehen an Staaten	31,4 %
Darlehen an Unternehmen	2,8 %
Policendarlehen	3,2 %
Andere	0,3 %
Pfandbriefe	**29,5 %**
Staatsanleihen	**2,9 %**
Unternehmensanleihen	**1,7 %**
In Fonds enthaltene Renten	**20,2 %**
Nachränge an Genussrechten	**3,5 %**
Tages-, Termin- und Festgelder	**1,6 %**
Andere Renten	**2,1 %**[219]

Darlehen an Kreditinstitute, Darlehen an Staaten, Pfandbriefe und Staatsanleihen machen also einen großen Teil der Kapitalanlagen aus.

Auf meine Nachfrage, wie viel Prozent der Kapitalanlagen in deutschen Bundesanleihen, Bundeslandanleihen und ausländischen Staatsanleihen investiert sind, antwortete der GDV:

»Leider gibt es keine Gesamtzahl, die das Investment in deutsche Bundesanleihen beziffert. Was sich sagen lässt ist, dass 2,4 %[220] *aller*

Kapitalanlagen direkt in Staatsanleihen investiert sind. Dies beinhaltet jedoch auch Staatsanleihen von anderen Staaten aus dem europäischen Wirtschaftsraum und OECD- Mitgliedsstaaten. Darüber hinaus sind Staatstitel auch in Fonds enthalten. Eine genaue Bezifferung dieser indirekten Investments liegt jedoch nicht vor.

Die Versicherer investieren auch in Bundeslandanleihen. Wir verfügen jedoch nicht über differenzierte Informationen bezüglich des Gewichtes der einzelnen Bundesländer. Die Versicherer haben auch ausländische Staatsanleihen in ihren Portfolios. Eine genaue Aufteilung liegt uns nicht vor. Ebenso wenig können wir eine solche Aufteilung mit Blick auf Pfandbriefe etc. vornehmen.« [221]

Also kurz gesagt: Genaues weiß man nicht.

Trotz der Risiken (s. u.), die solche Papiere derzeit mit sich bringen, gibt sich der GDV optimistisch. Denn wegen der international aufgespannten Rettungsschirme für Kreditinstitute und der Zusage der Bundesregierung, keine größere Bank zusammenbrechen zu lassen, gelten diese Papiere (sowie andere Bankschuldverschreibungen) immer noch als »absolut sicher«. [222]

Dr. Carsten Zielke, Managing Director der Société Générale in Frankfurt bezweifelt dies: *»Der hohe Konzentrationsgrad in Schuldscheindarlehen und Namensschuldverschreibungen deutscher Banken stellt für uns ein erhebliches Investitionsrisiko dar.*

Die Beinaheinsolvenz der Hypo Real Estate (s. Kapitel 1.2) hat gezeigt, dass der deutsche Einlagerungssicherungsfonds keine Garantie bei einem Systemrisiko darstellt. Von daher halten wir es für falsch, Schuldscheine als gesicherte Papiere anzusehen. Diese betragen immerhin ca. 23 % der Kapitalanlagen über alle Sparten. Bei Namensschuldverschreibungen ist die Lage etwas anders. Hier stehen in den meisten Fällen immerhin genau bezeichnete Gegenwerte dagegen. Allerdings ist hier ein Liquiditätsrisiko gegeben.« [223]

Verschiedene andere Analysten haben die Konzentration der Versicherer auf Bankschuldverschreibungen ebenfalls kritisiert und eine größere Streuung empfohlen.

Der GDV hält die Kapitalanlagen der Versicherer also hauptsächlich deswegen für sicher, weil die Bundesregierung zugesagt hat, keine »größere« Bank »fallen« zu lassen – was mir ausdrücklich noch einmal bestätigt wurde (s. Interview III). Zudem hält der Verband Anleihen und Pfandbriefe ebenfalls für »sicher«. Darauf werde ich später noch einmal zurückkommen.

Das Engagement bei Kreditinstituten

Aktuell legen die Lebensversicherer rund 5 % ihres Kapitals, sprich das Geld ihrer Kunden, in Aktien an. Der größte Teil wird jedoch in Darlehen und Anleihen investiert. Das geschah in der Vergangenheit auch in jene verschiedener maroder Kreditinstitute oder angeschlagener Landesbanken (s. Kapitel 1.2).

Nach Angaben von GDV-Chef Hoenen hat die Versicherungsbranche knapp die Hälfte ihrer Kapitalanlagen in unterschiedliche Zinspapiere von Banken investiert, etwa in Schuldscheinforderungen, Darlehen oder Namensschuldverschreibungen. Mit anderen Worten: Ein Großteil der Kapitalanlagen der Versicherer ist also mit dem Risiko deutscher Banken verbunden.[224]

Denn die Banken häuften immer mehr Nachrangkapital[225] an: stille Einlagen, Hybridanteile (das ist eine Mischung zwischen Eigen- und Fremdkapital) oder Genuss-Scheine. Privatinvestoren, Pensionskassen und Versicherungsunternehmen gaben ihr Geld, aber Anfang des Jahres 2009 zahlten die ersten Banken keine Zinsen mehr. Die Geldgeber gingen in der Vergangenheit davon aus, dass ein Insolvenzfall nicht eintreten könne.

Das Managermagazin führte dazu ein Interview mit Professor Wolfgang Gerke, Präsident des Bayerischen Finanz-Zentrums und

Emeritus am Lehrstuhl für Bank- und Börsenwesen der Universität Nürnberg, das sehr aufschlussreich ist. Da heißt es etwa:

Gerke: *»Nicht zuletzt weil sich die emittierenden Institute stets über jeden Zweifel erhaben zeigten, gingen die Investoren in der Vergangenheit davon aus, dass dieser Fall nie eintreten wird. In Zeiten der Finanzkrise relativiert sich das Bild. Jetzt müssen die Anleger unter Umständen zur Kenntnis nehmen, dass die Banken die Ausschüttungen auf Genuss-Scheine oder Hybridanleihen streichen, wenn das Institut Verluste macht. Hier hat sich so mancher Investor verkalkuliert.«*

managermagazin.de: *»Wer vor allem hat in diesen Papieren investiert?«*

Gerke: *»Die Papiere wurden sehr breit gekauft, auch von Privatanlegern, die zum Beispiel bei der Commerzbank zugegriffen haben. Überwiegend aber haben große Investoren wie Pensionsfonds, Pensionskassen und zum Teil auch Versicherer diese Papiere gekauft – also Institutionen, die für die betriebliche und private Altersvorsorge in Deutschland stehen …«*

managermagazin.de: *»Nach der Dresdner Bank hat jetzt auch die Hypo-Real-Estate-Tochter Depfa Zinsen für eine Nachranganleihe gestrichen. Ist das so ohne Weiteres möglich? Unter welcher Voraussetzung lassen sich Ausschüttungen an nachrangige Gläubiger aussetzen?«*

Gerke: *»Die Ausschüttungen werden ausgesetzt, wenn ein Kreditinstitut Verluste macht. Dann ist es nicht nur möglich, sondern meiner Meinung nach betriebswirtschaftlich auch notwendig, auf Zinszahlungen und andere Ausschüttungen zu verzichten.«*

managermagazin.de: *»Sollten Bund und EU in dieser Frage an einem Strang ziehen, Ausschüttungen maroder Banken also verbieten, hat dann nachrangiges Kapital als Refinanzierungsquelle für Banken überhaupt noch eine Zukunft?«*

Gerke: *»Das Vertrauen der Anleger ist lädiert. Wir müssen daher davon ausgehen, dass es Kreditinstituten in der gegenwärtigen Lage ohnehin schwer-*

fallen wird, sich über nachrangige Anleihen oder Hybridanleihen zusätzliches Kapital zu besorgen. Bleiben die Ausschüttungen aus, wird das Vertrauen noch mehr leiden. An dieser Entwicklung sind die Banken aber selbst schuld.« [226]

Hintergrund: Risikohaftung der Banken

Das Geschäftsvolumen einer Bank hängt in hohem Maß von ihrer Ausstattung mit haftendem Eigenkapital ab: Die Institute müssen die Risiken ihres Geschäftsbetriebes ja mit Eigenkapital unterlegen.

Das »nachrangig« haftende Kapital wird dem Eigenkapital zugerechnet[227] und vergrößert somit den Spielraum der Banken. Dadurch sind sie in der Lage, zusätzliche Kredite zu vergeben und im Insolvenzfall »nachrangig« an die Gläubiger zurückzuzahlen.

Von der Finanzaufsicht werden unter bestimmten Bedingungen Genuss-Scheine, stille Beteiligungen an Banken oder Hybridanleihen als Nachrangkapital angesehen. Die Papiere versprechen höhere Zinsen, aber auch ein höheres Risiko für die Investoren, die im Insolvenzfall sogar mithaften.[228]

Dr. Carsten Zielke von der Société Générale rät den Anlage- und Risikomanagern der deutschen Versicherer, mehr Geld in Firmanleihen anzulegen und Aktienpositionen allmählich wieder aufbauen.[229] Die Assekuranz fühlt sich dennoch auf der sicheren Seite. Die Begründung dafür mutet eher naiv an: Die Bundesregierung habe ja mitgeteilt, große deutsche Banken nicht fallen zu lassen.

Zudem würden die Prämieneinnahmen nicht von heute auf morgen wegbrechen. Und deshalb werde die Versicherungsbranche von der gegenwärtigen Finanzkrise nur »randständig« berührt.[230] Was aber, wenn so viele Versicherungen und Banken zusammenbrechen, dass auch die Staatsgarantie, die bisher ja nur »theoretisch« gegen Ausfälle bürgt, überfordert ist? Daran will wohl niemand denken.

Zurück zu den Kapitalanlagen der Versicherer: Laut GDV und der Bundesanstalt für Finanzdienstleistungsaufsicht (BaFin) legte die deutsche Assekuranz ihr Kapital bei Banken wie folgt an:

Anlageklassen	Buchwert/Tsd €	in %
Pfandbriefe, Kommunalobligationen u. a. Schuldverschreibungen von Banken	160 417 575	23,28
Börsennotierte Schuldverschreibungen	18 936 018	2,75
Forderungen aus nachrangigen Verbindlichkeiten	11 112 215	1,61
Genussrechte	6 304 353	0,91
Nicht notierte Aktien und Gesellschaftsanteile	2 144 088	0,31
Anteile an Sondervermögen, Investmentaktiengesellschaften und Investmentgesellschaften	118 743 263	17,23
Anlagen bei Kreditinstituten	117 273 612	17,02
Anlagen in der Öffnungsklausel	7 803 866	1,13

Tabelle 6: Engagement der Versicherer bei Kreditinstuten. Quelle: BaFin Nw. 670 für LVU, Stand 31. 12. 2008

Das bedeutet, dass die Assekuranz 64,24 % ihres Kapitals bei Kreditinstituten und Banken anlegt. Die Versicherer haben von der Aktienkrise 2002 gelernt, ihre Aktienbestände abgebaut (zum 31. Dezember 2008 waren das noch 4,8 %)[231] und vertrauten stattdessen dem Bankensektor. Das mag zwar umsichtig erscheinen, ist aber aufgrund der noch lange nicht ausgestandenen Banken- und Finanzkrise ein zweischneidiges Schwert.

Namensschuldverschreibungen und Schuldscheindarlehen

Untersuchen wir nun, wie der Anteil an Namensschuldverschreibungen und Schuldscheindarlehen an den Kapitalanlagen der Lebensversicherer »sicher« angelegt wurde.

Hintergrund: Schuldschein und Schuldschein-Darlehen

Das Schuldschein-Darlehen ist ein lang- oder mittelfristiges Darlehen, das gegen Schuldschein oder Schuldurkunde gewährt wird. Der Schuldschein ist lediglich Beweisurkunde (kein Wertpapier). Die Übertragung erfolgt nach Schuldrecht, d. h. durch Abtretung. Kapitalgeber sind Kapitalsammelstellen, insbesondere Sozialversicherungsträger, die Bundesanstalt für Arbeit, Privatversicherungsgesellschaften (vor allem Lebens- und Unfallversicherer) und Kreditinstitute. Das Schuldschein-Darlehen wird meist durch eine erstrangige, vollstreckbare Grundschuld (Eigentümergesamtbriefgrundschuld), die höchstens 40 % des Beleihungswertes der Anlagen umfassen darf, besichert.[232]

Hintergrund: Namensschuldverschreibung

Die Namensschuldverschreibung hingegen ist eine Schuldverschreibung, die auf eine bestimmte Person lautet und keine Orderklausel trägt. Der Schuldner hat direkt an den Benannten zu leisten. Die Rechte können durch den Berechtigten (Altgläubiger, Zedent) an einen neuen Gläubiger (Zessionar) abgetreten werden. Die Namensschuldverschreibung erfordert eine Legitimationsprüfung bei Erwerb bzw. Einlösung. Private Hypothekenbanken geben u. a. auch Namenspfandbriefe und Namens-Kommunalschuldverschreibungen (Kommunalobligation) aus. Kapitalsammelstellen, die mit festen Anlageplänen arbeiten (z. B. Versicherungsgesellschaften), ziehen Namensschuldverschreibungen. zuweilen vor, weil dann planmäßig gestaffelte Fälligkeiten »maßgeschneidert« festlegbar sind.[233]

Unternehmen	NSV*	SFD**
Allianz Leben	31,73 %	8,51 %
Alte Leipziger	40,79 %	32,00 %
AMB Generali	16,09 %	18,56 %
AXA Konzern	19,88 %	13,01 %
Barmenia	38,93 %	46,77 %
DBV Winterthur	22,87 %	21,92 %
Debeka	38,93 %	46,77 %
DEVK	20,97 %	29,21 %
ERGO	28,90 %	23,49 %
Gothaer	11,37 %	16,67 %
HUK Coburg	21,09 %	42,70 %
LVM	21,09 %	42,70 %
Nürnberger	12,84 %	23,84 %
Provinzial Rheinland	22,53 %	7,24 %
R+V Versicherungen	21,65 %	20,82 %
Signal Iduna	23,98 %	27,87 %
Swiss Life Deutschland	35,12 %	22,74 %
Talanx	32,64 %	33,01 %
VHV	28,09 %	21,20 %
W&W	28,09 %	21,20 %
Westfälische Provinzial	13,80 %	12,90 %
Zürich Deutschland/ inkl. Dt. Herold	24,52 %	12,90 %
Durchschnitt	**26,57 %**	**23,60 %**

Tabelle 7: Anteil der Namensschuldverschreibungen (* NSV) und Schuldscheinforderungen und Darlehen (**SFD) an den Kapitalanlagen in %; IFRS-Konzerne z. T. über Segmentsumme geschätzt; alle Zahlen aus dem Jahr 2007. Quelle: Dr. Carsten Zielke: Nach dem Sturm, Studie der Société Générale, Frankfurt/M. 2009, S. 5

Im Durchschnitt legten die Versicherer also mehr als 50 % in Namensschuldverschreibungen und Schuldscheinforderungen und Darlehen an.

»Der hohe Konzentrationsgrad in Schuldscheindarlehen und Namensschuldverschreibungen deutscher Banken stellt für uns ein erhebliches Investitionsrisiko dar«, sagt *Dr. Carsten Zielke.*

Die Beinaheinsolvenz der Hypo-Real-Estate habe gezeigt, dass der deutsche Einlagensicherungsfonds keine Garantie bei einem Systemrisiko darstellt. *»Von daher halten wir es für falsch, Schuldscheine als gesicherte Papiere anzusehen.«*

Zudem warnt er vor einer zu großen Konzentration der Kapitalanlagen, denn allein die Schuldscheindarlehen machen laut Zielke rund 25 % der Anlagen der Versicherer aus.

Diese Anleihen, die nicht börsennotiert sind, setzen die Unternehmen in ihrer Bilanz durchgängig mit 100 % an, weil sie wegen der Staatsgarantie kein Ausfallrisiko sehen und die Anleihen bis zu ihrer Endfälligkeit halten.

Zielke: *»Nicht nur Namensschuldverschreibungen und Schuldscheindarlehen haben ein Bewertungsproblem, sondern vor allem auch gelistete Papiere. Aufgrund der gesunkenen Anzahl von Transaktionen haben sich z.B. auch die Spreads auf scheinbar sicheren Papieren wie italienische und griechische Staatsanleihen ... mächtig erhöht ... Allein diese Spreadausweitung bringt die Inhaberpapiere in die Bredouille.«* [234]

Hintergrund: Spread

Gleichzeitiger Kauf und Verkauf von Kontrakten, deren Kurse miteinander in Verbindung stehen und die sich bezüglich der Fälligkeit unterscheiden. Dabei wird erwartet, dass aufgrund der Veränderung der Kursdifferenz ein Gewinn entsteht.

Ein Händler, der eine Spread-Position eingeht, spekuliert auf relative Preisänderungen zwischen verschiedenen Fälligkeiten eines Handelsgegenstandes an verschiedenen Börsen (inter-market-spread) oder zwischen verschiedenen Handelsgegenständen mit identischen Fälligkeiten an einer Börse (inter-commodity-spread).[235]

Andere Kapitalanlagen

Bevor ich genauer auf die anderen Kapitalanlagen eingehe, sollten noch drei Begriffe erklärt werden:

Hintergrund: Bewertungsreserven, Zeitwert und Buchwert

Die Sparanteile der Beiträge, die Kunden etwa in eine Rentenversicherung oder Kapitallebensversicherung einzahlen, werden in verschiedenen Kapitalanlagen angelegt. Dazu gehören zum Beispiel festverzinsliche Wertpapiere, Aktien und Immobilien.

Bei der Geldanlage sind vielfältige gesetzliche Vorgaben zu berücksichtigen und zu erfüllen. »**Bewertungsreserven**« entstehen, wenn der aktuelle Marktwert der Kapitalanlagen (»**Zeitwert**«) über dem Wert liegt, mit dem die Kapitalanlagen in der Bilanz ausgewiesen sind (»**Buchwert**«).[236]

Wenden wir uns nun den Kapitalanlagen der untersuchten Lebensversicherer zu. Die Zahlen für das Jahr 2008 gehen ebenfalls aus der Studie der Société Générale hervor:

- Grundstücke und grundstücksgleiche Rechte und Bauten (in Mrd. Euro):

Buchwert	Zeitwert	Bewertungsreserven
9,9	12,9	3,0

Hier liegt also der Zeitwert über dem Buchwert, d. h., die Grundstücke sind »mehr« wert, als sie damals gekauft wurden.

- Kapitalanlagen in verbundenen Unternehmen und Beteiligungen (in Mrd. Euro):

Buchwert	Zeitwert	Bewertungsreserven
24,0	17,6	- 6,4

Die Anteile und Ausleihungen an den verbundenen Unternehmen sowie die Beteiligungen sind mehr als 6 Milliarden »weniger« wert.

- Sonstige Kapitalanlagen (in Mrd. Euro)

	BW*	ZW*	BR*
Sonstige Kapitalanlagen**	552,5	523,7	- 28,7
Darunter:			
Aktien, Investmentanteile und andere nicht festverzinsliche Wertpapiere	144,1	140,8	- 3,3
Inhaberschuldverschreibungen und andere festverzinsliche Wertpapiere	45,7	42,8	- 2,9
Hypotheken-, Grundschuld- und Rentenschuldforderungen	53,4	55,3	1,9
Namensschuldverschreibungen	158,7	162,0	3,3
Schuldscheinforderungen und Darlehen	124,9	106,0	- 18,9
Darlehen und Vorauszahlungen auf Versicherungsscheine	4,3	3,7	- 0,6
Übrige Ausleihungen	6,2	5,6	- 0,6
Einlagen bei Kreditinstituten	5,3	5,4	0,1
Andere Kapitalanlagen**	2,2	2,2	0,1

Tabelle 8: Kapitalanlagen der untersuchten Lebensversicherungsgesellschaften *Leben* in Mrd. €; 2008. * BW = Buchwert, * ZW = Zeitwert, * BR = Barreserven. ** Differenzen beim Subtrahieren entstanden durch Rundungen. Quelle: Dr. Carsten Zielke: Nach dem Sturm, Studie der Société Générale, Frankfurt/M. 2009, S. 11

Wir sehen also, dass die »sicheren« Schuldscheinforderungen und Darlehen, Inhaberschuldverschreibungen, Aktien und Investmentanteile der Versicherer über 28 Milliarden Euro **weniger** wert sind.

Die meisten stillen Lasten kommen demnach aus dem festverzinslichen Bereich. Stille Lasten sind Wertminderungen des Eigenkapitals eines Versicherungsunternehmens. Beispielsweise Anlagen von Versicherungsunternehmen in Immobilien: Diese stehen zum Anschaffungswert in der Bilanz. Bei einem Rückgang der Immobilienpreise lassen sich diese Werte tatsächlich am Markt nicht erzielen, die Immobilien können nur mit Verlust veräußert werden. Diese Differenz ist eine »stille Last«.[237]

Ich komme weiter unten noch einmal darauf zurück.

Sind Pfandbriefe wirklich sicher?

Dr. Wolfgang Weiler, Vorsitzender des Kapitalanlagenausschusses des GDV: *»Versicherungen schätzen den Pfandbrief als sicheres Produkt ein.«* [238] Immerhin sind Pfandbriefe im Volumen von rund einer Billion Euro im Umlauf.

Hintergrund: Pfandbrief

Festverzinsliche Schuldverschreibungen von Hypothekenbanken oder eines öffentlich-rechtlichen Kreditinstituts bezeichnet man als Pfandbriefe. Gegen Ausgabe eines Pfandbriefes beschaffen sich die Banken Kapital, welches gegen Hypotheken als Darlehen vergeben wird. Forderungen der Gläubiger richten sich gegen die Bank. Pfandbriefe sind mündelsicher, lombardfähig und deckungsstockfähig. Sie können nicht gekündigt werden.[239] Das funktioniert so: Mit Pfandbriefen können sich Banken nur dann Geld leihen, wenn sie damit auch Immobilienkredite finanzieren. Die Grundschulden, die als Sicherheit dienen, wandern in einen »Deckungsstock«. Laut Gesetz dürfen nur 60 % des Immobilienwertes mit pfandbrieftauglichen Grundschulden besichert werden. Wird eine Hypothekenbank insolvent, gehen die Grundschulden an die Inhaber der Pfandbriefe über.

Die Begründung des GDV:

- Der Pfandbrief unterliegt einer gesetzlichen, langjährig bewährten Sicherheitseinrichtung.
- Pfandbriefe dürfen nur in dem Maße emittiert werden, wie entsprechende Kredite (Hypotheken, Forderungen gegen staatliche Stellen, bonitätsmäßig einwandfreie Schuldner) vergeben wurden.
- Für die Refinanzierung von Wohnungskrediten und Schiffsfinanzierungen beträgt die maximale Beleihungsgrenze 60 % des mit Sicherheitsabschlägen versehenen Beleihungswerts.
- Überwachung der Deckungsmasse durch unabhängige Treuhänder
- Emission von Pfandbriefen als auch laufende Führung des Deckungsregisters unterliegen der BaFin-Aufsicht.[240]

Das bezweifeln jedoch einige Experten.

Zwar mag dies in der Vergangenheit wohl so gewesen sein, aber gegenwärtig sind nicht einmal mehr bestimmte Staatsanleihen sicher (s. Kapitel 1.4), und das Desaster der HRE (s. Kapitel 1.2), der IKB, WestLB und SachsenLB verdeutlicht, dass auch Banken-Papiere ein Unsicherheitsrisiko darstellen können. Denn neben der Eurohypo gehört die HRE mit einem Emissionsvolumen von über 45 Milliarden Euro zu den größten Anbietern im Pfandbriefgeschäft. Diese lagern bei fast allen deutschen Sparkassen, Versicherungen und Banken, einschließlich der KfW. Nicht umsonst sagte *Finanzminister Steinbrück*, die HRE *»muss stabilisiert werden – und damit auch der deutsche Pfandbriefmarkt«.*[241] Vielleicht ist ja der Pfandbrief doch nicht so sicher, wie das Gesetz es eigentlich vorschreibt?

Dies will ich an einem anderen Beispiel verdeutlichen, der Düsseldorfer Hypothekenbank: Im April 2008 gab der Bundesverband deutscher Banken (BdB) bekannt, sein Einlagensicherungsfonds habe die Düsseldorfer Hypothekenbank mit einer Bilanzsumme von 27 Milliarden Euro übernommen. Das Kreditinstitut vergibt vor allem Kredite an Kommunen und refinanziert sich über Pfandbriefe. Offiziell machte der *BdB* klar, dies geschah, um einer *»geordneten Zuführung an einen neuen Eigentümer«* zu dienen. In Wahrheit war dies jedoch ein Notverkauf in aller Eile. Es ist anzunehmen, dass man dadurch die Reputation des Pfandbriefs retten wollte.[242] Denn: Wenn eine pfandbriefherausgebende Bank pleitegehen würde, müssten deren Kredite mitsamt Sicherheiten und Refinanzierung direkt von einem anderen Kreditinstitut übernommen werden, um eine reibungslose Weiterführung zu gewährleisten. Doch was, wenn dazu keine Bank in der Lage ist oder keinen Willen dazu zeigt?

Die Werthaltigkeit der Pfandbriefe

Die Grundschulden, die hinter den Pfandbriefen stehen, werden auf 60 % des festgestellten Immobilienwertes begrenzt. Dazu kommt noch ein Sicherheitsabschlag des Gutachters. Ausschlaggebend ist jedoch, wie hoch die erzielbaren Verkaufspreise von Gewerbeimmobilien oder Häusern/Wohnungen tatsächlich sind, durch die die Pfandbriefe letztlich abgesichert sind. Zum »Marktwert« siehe auch das Statement von Dr. Carsten Zielke weiter unten.

Jörg Asmussen, Staatssekretär im Bundesministerium für Finanzen nimmt diese Probleme der »Pfandbriefbanken« HRE und Düsseldorfer Hypothekenbank nicht zur Kenntnis. Er sagt: *»Öffentliche Pfandbriefe sind durch Forderungen gegen Staaten und deren Untergliederungen sowie gegen öffentliche Stellen gesichert, also von höchster Bonität. Der hohe Anteil von Forderungen gegen inländische deutsche und Gebietskörperschaften der Europäischen Union hebt die Werthaltigkeit öffentlicher Pfandbriefe über den Durchschnitt weit hinaus … Gegenwärtig sind bei der Deutschen Bundesbank nominal rund 137 Milliarden Euro Pfandbriefe hinterlegt, rund 16% des umlaufenden Volumens.«* [243] Für Asmussen sind Pfandbriefe gegen **andere** Staaten also von *»höchster Bonität«*. Angesichts der de facto bereits »bankrotten« EU-Staaten Ungarn, Island, Rumänien und der drohenden Pleite von Großbritannien, Italien und Irland (siehe Kapitel 1.4) ist das ein recht abenteuerlicher Standpunkt.

Auch Pfandbriefe deutscher Banken sieht er als *»sicher«* an. Aber wie in Kapitel 1.2 dargelegt, sind bereits viele Landesbanken dermaßen überschuldet und manche davon stehen sogar kurz vor der Pleite, dass man sich über diese Aussage nur verwundert die Augen reiben kann.

Aber Staatssekretär Asmussen setzt noch einen drauf: *»Die beschriebenen gesetzlichen Grundlagen und ihre Vorläufer haben in den letzten mehr als 200 Jahren dazu beigetragen, dass bisher noch nie ein deutscher Pfandbrief ausgefallen ist. Es gibt keine Veranlassung zu glauben, dass sich hieran etwas ändert.«* [244] Das ist nun mal eine Aussage eines »Finanzpolitikers«, die eigentlich keine Fragen mehr offen lassen würde, wäre da nicht der zweite Teil seines Statements, der den ersten ins Gegenteil verkehrt. Asmussen: *»Soweit die Funktionsfähigkeit des Pfandbriefmarktes es erfordert, wird die Bundesregierung jedoch kurzfristig gesetzliche Maßnahmen zur Gewährleistung von deutschen Pfandbriefen – unter Einbeziehung des vorhandenen Bestan-*

des – ergreifen. Dies hat das Bundeskabinett am 13. Oktober 2008 zusammen mit dem Entwurf des Finanzmarktstabilisierungsgesetzes beschlossen.« [245]

Nur zum Verständnis: Der Staatssekretär im Bundesministerium für Finanzen in Berlin lobt den Pfandbrief als *»sichere«* Anlage, aber das Bundeskabinett verabschiedet gesetzliche Maßnahmen, um dessen Sicherheit zu gewährleisten?

Ist das also politische Augenwischerei, um die Bevölkerung zu beruhigen und nicht eingestehen zu müssen, wie ernst die Lage in Wirklichkeit ist?

Sind Anleihen wirklich sicher?

Wem würden Sie denn im privaten Bereich Ihr Geld borgen? Ich nehme an, demjenigen, dem Sie vertrauen und von dem Sie wissen, er wird den »Kredit« samt Zinsen zurückbezahlen. Aber würden Sie auch jemandem Ihr Geld leihen, der bereits so viele Kredite aufgenommen hat, dass er schon alleine für die Bezahlung der Zinsen einen neuen Kredit von Ihnen verlangt, weil seine Einnahmen dafür nicht mehr ausreichen?

Nun, das ist, vereinfacht ausgedrückt, das Prinzip von Staatsanleihen (s. auch Kapitel 1.4), was auch in anderen Bereichen gilt: Eine Anleihe ist für den Herausgeber (Unternehmen, Banken, Staat) nichts anderes als ein Kredit von einem Fremden, für den er Zinsen bezahlt. Derjenige, der eine Anleihe kauft, ist also Gläubiger geworden, denn er hat Geld verliehen. Allerdings muss man aufpassen, wem man sein Geld gibt, denn Sie könnten ja auch Anleihen der angeschlagenen Landesbanken WestLB, SachsenLB, Bayerische Landesbank oder Hypo Real Estate (HRE) gekauft haben.

Nicht umsonst beteiligen sich die Versicherungen mit 1,4 Milliarden an der Rettung der HRE. Oder wie sollte man sich das sonst erklären? Die Assekuranz legte vor allem in deutsche Staats- und Bankanleihen an. Das waren bisher *»sichere«* Geldanlagen, so *»glaubt«* der GDV auch heute noch, obwohl viele Banken Probleme haben.

Hintergrund: Entwicklung deutscher Bundesanleihen

	2001	2008	2009[246]
Zinsen 10-jährige Bundesanleihen	5,24 %	3,99 %	3,61 %
Zinsen 30-jährige Bundesanleihen	5,65 %	4,42 %	4,32 %

Der Anlageschwerpunkt von Lebensversicherungen liegt bei festverzinslichen Papieren mit Laufzeitsegmenten von 10 Jahren und mehr.[247] Aber die Zinsen der Bundesanleihen sind in den letzten acht Jahren rapide gesunken. Das dürfte es den Versicherern noch schwerer machen, den Garantiezins auf ihre Policen zu erwirtschaften.

25 % des Kapitals der Versicherer werden auch in Schuldscheindarlehen investiert. Das sind Gelder, die dann an mittelständische Unternehmen weitergereicht oder über den Pfandbriefsektor (das sind Papiere, mit denen etwa Immobilien finanziert werden) oder auch für Kommunalkredite ausgegeben werden (s. o.).

Dr. Carsten Zielke, Managing Director der Société Générale in Frankfurt, hält das einseitige Engagement der Versicherer, hauptsächlich in deutsche Bankwerte zu investieren, für sehr riskant und bezweifelt deren absolute Sicherheit: *»Diese werden in den Bilanzen in der Regel mit 100 angesetzt. Tatsächlich haben wir heute aber einen sehr illiquiden Markt, es finden quasi keine Transaktionen statt, so dass der tatsächliche Marktwert nur zwischen 70 und 80 % liegen würde. Auch mit der Sorge, dass hier noch weitere Risiken auftauchen.«* [248]

Und auch der Ökonom *Christian Löhr* warnte bereits im Januar 2009 im Manager-Magazin: *»Der Rentenmarkt [Options- oder Anleihenmarkt, d. Verf.] ist überbewertet im Vergleich zu anderen Assetklassen. Erinnert sei an dieser Stelle an den Rentencrash aus 1999. Ich schließe jedenfalls einen Kollaps der Rentenmärkte auf mittlere Sicht nicht aus.«* [249]

Ein Grund dafür, dass selbst Anleihen nicht mehr sicher sind, liegt im Zusammenbruch der großen US-Bank Lehman Brothers, der schwierigen Situation des US-Versicherungsriesen AIG und im Desaster der Hypo Real Estate. All das führte an den Bondmärkten (Anleihenmärkten) zu ungekannten Kursausschlägen. Die bisher als sicher eingestuften Anleihen stürzten binnen kurzer Zeit um mehr als 10 Prozentpunkte ab.

Carsten Zielke beschreibt die Lage der Branche so: *»Die Kapitalanlage der Lebens- und Krankenversicherer ist derzeit ein Nervenkitzel«*,[250] denn: *»Aufgrund der massiv angestiegenen Staatsverschuldungen weltweit (schätzungsweise das Vierfache gegenüber 2008) ist unseres Erachtens recht bald wieder mit einer höheren Inflation zu rechnen. Schon jetzt drückt sich das in Renditeaufschlägen auf gewisse Staatsanleihen aus (wie z.B. Griechenland und Italien). Auch ist es eigentlich nicht mehr möglich, langfristig den durchschnittlichen Garantiezins von 3,5 % zu erzielen, wenn nur in risikolose Zinspapiere investiert wird.«* [251]

Sind Bundeslandanleihen wirklich sicher?

Anleihen der einzelnen deutschen Bundesländer gelten gemeinhin ebenfalls als »sicher« und die Versicherer haben auch darin investiert, wie mir der GDV mitteilte (s. Einleitung zu Kapitel 2.4). Doch ein Risikocheck zeigt, dass dies nicht für jedes Bundesland gilt; denn auch sie haben unter der Weltschuldenkrise zu leiden. Besonders ihre Landesbanken.

Die *DZ Bank* analysierte im Mai 2009 die Finanzsituation der einzelnen Bundesländer, weil auch viele Privatanleger in deren Anleihen investiert haben. Der Risikocheck sollte offenbaren, welches Land im Vergleich zu den anderen ein deutlich geringeres Finanzrisiko trägt.

Das Ergebnis war erschreckend: *»Von allen 16 Bundesländern schafft es mit Hessen lediglich ein einzelnes Land, in allen Kriterien unter dem Durchschnitt zu bleiben.«* [252] Als einen wichtigen Grund dafür nennen die DZ-Analysten, dass die Landesbank Hessen-Thüringen (Heleba) bisher nur peripher in den Strudel der Krise geraten ist.

Zwar weisen auch Bayern und Baden-Württemberg geringe Verschuldungsraten auf, aber die schlechte Situation ihrer Landesbanken stellt ein »Risiko« dar. Bei den hochverschuldeten Ländern wie Berlin, Bremen, Sachsen-Anhalt und Schleswig-Holstein schätzen die DZ-Experten das Risiko aber am größten ein.

Sie sprechen von *»einem immens hohen Landesbankenrisiko«* und konstatieren, dass selbst finanzstarke Bundesländer nicht in den Lage sind, eine existenzbedrohende Schieflage einer Landesbank alleine zu bewältigen. Letztlich müsste der Bund für die Schulden der Länder geradestehen.[253]

Das hat für manche Anleger dann auch Vorteile, denn: *»Bei Bundesländern sind aus Sicht der Ratingagenturen Zahlungsverzögerungen eher möglich als beim Bund«*, sagt *Rentenanalyst Glenn Marci* von der DZ Bank. *»Sollten sie einmal in Zahlungsschwierigkeiten geraten, wird der Bund zwar einspringen, aber das wird aufgrund des erhöhten Organisationsaufwandes wohl einige Tage dauern.«* [254]

Bundeslandanleihen gelten also deswegen als »sicher«, weil der Bund im Zweifelsfall einspringt – wieder einmal.

2.5 Die »Probleme« der Lebensversicherer

Problem I: Stornos

Dr. Carsten Zielke von der Société Générale: *»Anscheinend hat es seit Ausbruch der Finanzkrise bei einigen Gesellschaften schon ein merklich erhöhtes Stornoverhalten gegeben, was allerdings von größeren Marktteilnehmern bisher dementiert wird. In Krisenzeiten steht eben nicht die ökonomische Vernunft im Vordergrund, sondern Emotionen. Dies gilt auch für Altverträge.«* [255]

Dr. Zielke führt in seiner Studie von 2009 die Stornoquoten der Lebensversicherer auf, die allerdings für das Jahr 2007 galten. Dennoch kann man aus den Zahlen Rückschlüsse ziehen. Er stellt fest: *»Eine erhöhte Stornoquote reduziert also die Risikotragfähigkeit eines Versicherungsunternehmens und stellt gleichzeitig ein Liquiditätsrisiko dar, wenn viele Altverträge stornieren.«* [256]

Unternehmen	Stornoquote
Allianz Leben	3,60 %
Alte Leipziger	4,71 %
Aspecta (HDI Talanx)	7,20 %
Asstel LV (Gothaer)	2,90 %
AXA LV	2,70 %
Barmenia	6,20 %
Cosmos LV (AMB Generali)	1,80 %
Dt. Ärzte LV (AXA)	5,00 %
DBV-Winterthur	5,30 %
Debeka	2,60 %
DEVK Allg. LV	5,51 %
Dt. Herold LV (Zürich Dt.)	5,70 %
Generali LV (AMB Generali)	5,20 %
Gerling LV (HDI Talanx)	4,40 %
Gothaer LV	4,30 %
Hannover LV	1,90 %

HM LV (ERGO)	6,10 %
HUK LV	2,10 %
Lebensverein LV (DEVK)	3,40 %
Nürnberger LV	6,60 %
Provinzial Rheinland	4,00 %
R+V Versicherungen	3,90 %
Signal Iduna	5,00 %
Swiss Life Deutschland	4,65 %
Victoria LV (ERGO)	6,10 %
W&W LV	4,39 %
Westfälische Provinzial	4,10 %

Tabelle 9: Stornoquoten der Lebensversicherer 2007. Quelle: Dr. Carsten Zielke: Nach dem Sturm, Studie der Société Générale, Frankfurt/M. 2009, S. 7

Die Arbeitslosigkeit wird in den nächsten Monaten zunehmen. Damit ist die Gefahr groß, dass viele Menschen ihre Lebensversicherungspolice kündigen. Dadurch steht ihnen ein Rückkaufswert zu, der umso höher ist, je länger man in die Versicherung einbezahlt hat. Nach dem Versicherungsvertragsgesetz (VVG) sind die Kunden darüber hinaus an den »stillen Reserven« der Unternehmen zu beteiligen, nicht jedoch an ihren »stillen Lasten«.

Das ist kein Problem, so lange die Stornoquote moderat ist, weil die Versicherer das Geld langfristig anlegen. Das wird ihnen erst dann zum Verhängnis, wenn viele Kunden gleichzeitig stornieren, um den Rückkaufswert ihrer Versicherung ausbezahlt zu bekommen. Dann müssten die Versicherer die stillen Lasten aus ihrem freien Vermögen tragen, was zu einem erheblichen Liquiditätsrisiko führen könnte.

Eine Beispielrechnung des Experten Zielke:

- Die Bundesregierung erwartet für das kommende Jahr etwas 500 000 zusätzliche Arbeitslose. Würden diese dann ihre Lebensversicherung kündigen (in unserem Beispiel im Schnitt 7000 Euro pro Police), wären kurzfristig 3,5 Milliarden Euro fällig.

- Die Stornoquote beträgt jetzt schon etwa 5 %, würde sich diese gar auf 10 % verdoppeln, wären annähernd 5,1 Milliarden Euro fällig.
- Zudem würden viele Kunden ihre Verträge beitragsfrei stellen, was zu noch weniger Einnahmen der Versicherer beitragen würde.
- Auch das Neugeschäft könnte in schlechter Wirtschaftslage zurückgehen.[257]

Ungeachtet all dieser sehr realen Annahmen, gibt sich die Versicherungswirtschaft auch hier gelassen, denn man rechnet nicht mit einem erhöhten Stornoaufkommen.

Problem II: Rückläufiges Neugeschäft

»Auch die Neugeschäftsentwicklung gibt Grund zur Sorge«, schreibt Dr. *Carsten Zielke* in seiner Studie. *»Das Neugeschäft ist weiterhin rückläufig. Wir rechnen auch nicht mehr mit einem Ausgleich durch das fondsgebundene Geschäft, weil bei den Kunden das Sentiment gegenüber Aktien derzeit einfach zu schlecht ist.«* [258] Dr. Zielke belegt dies wiederum mit der Neugeschäftsentwicklung der Lebensversicherer[259] :

Unternehmen	in % gegenüber dem Vorjahr
Allianz Leben	- 5,24 %
Alte Leipziger	- 6,85 %
AMB Generali	2,18 %
AXA	- 11,40 %
Barmenia	0,82 %
Debeka	- 14,20 %
DBV Winterthur	- 22,03 %
DEVK	- 13,44 %
ERGO	- 7,25 %
Gothaer und Asstel Leben*	- 6,61 %
HUK Coburg	- 24,64 %
LVM	- 3,30 %
Nürnberger	- 1,67 %

Provinzial Rheinland	16,80 %
R+V Versicherungen	2,48 %
Signal Iduna*	- 15,43 %
Swiss Life Dt.	- 26,70 %
Talanx	- 16,52 %
VHV-Hann. Leben*	8,39 %
W&W Leben	147,02 %
Westfälische Provinzial*	- 7,91 %
Zürich Dt. inkl. Dt. Herold*	2,51 %
Durchschnitt	**- 2,94 %**

Tabelle 10: Neugeschäftsentwicklung der Lebensversicherer 2007 gegenüber Juli 2006. Als Berechnungsgrundlage der Prozentzahlen diente die Differenz der Umsätze in Millionen. Quelle: Dr. Carsten Zielke: Nach dem Sturm, Studie der Société Générale, Frankfurt/M. 2009, S. 8.
* Zahlen geschätzt und Berechnungen der Société Générale

Die Branche sieht das nicht so. Sie argumentiert, die Beitragssumme des Neugeschäfts sei im Jahr 2008 um 8 % auf knapp 175 Milliarden Euro gestiegen. Das ist wohl wahr, aber dies war auch eine Auswirkung von Riester-Verträgen, die vermehrt abgeschlossen worden sind.[260]

Untersucht man die Fakten, kommt man zu einem anderen Ergebnis: Stellt man die Zahl der Neuverträge von 6,9 Millionen den ablaufenden Verträge (über 7,97 Millionen) entgegen, dann erkennt man: Das Neugeschäft konnte das Abgangsgeschäft nicht kompensieren. Der Bestand an Hauptversicherungen sank demnach leicht auf 96,3 Millionen Verträge.[261]

Problem III: Der Garantiezins

Für neu abgeschlossene Verträge wird von den Lebensversicherern eine Verzinsung von 2,25 % garantiert (Garantiezins). Allerdings haben die Unternehmen noch viele ältere Policen in ihren Beständen, bei denen sie in der Vergangenheit weit mehr Zinsen garantierten. So liegt der Durchschnitts-Garantiezins der Policenbestände bei 3,4 %.[262]

Diese Rendite müssen die Lebensversicherer aus ihrem Kapitalanlageergebnis erwirtschaften. Die Nettoverzinsung ihrer Kapitalanlagen lag im Jahr 2006 bei 4,82 %, 2007 bei 4,64 % und zum 31. Dezember 2008 gerade mal bei 3,82 %.[263]

Hält man sich vor Augen, dass die Assekuranz über 80 % ihres Geldes in festverzinslichen Papieren angelegt hat, deren Verzinsung, z. B. bei Bundesanleihen (10- und 30-jährige) im Durchschnitt lediglich bei 3,97 % liegt, ist das durchaus problematisch. Vereinfacht ausgedrückt: Die Differenz zwischen dem, was die Lebensversicherer an Rendite erwirtschaften, und dem, was sie als Zins garantieren, liegt im Durchschnitt nur noch bei 0,42 % (Kosten und Provisionen unberücksichtigt). Die Frage ist also: Wie viele Unternehmen verfügen über ausreichend Puffer, um die Zeit der niedrigen Nettoverzinsung ihrer Kapitalanlagen zu »überstehen«, ohne Liquiditätsprobleme zu bekommen?

Manfred Poweleit, Gründer des Branchendienstes *Map-Report,* gab zum Thema niedrige Zinsen und Garantiezins ein Interview in *Focus-Money,* das ich in Auszügen zitieren will und meine Ansicht bestätigt:

Poweleit: *»... Mir macht das niedrige Zinsniveau Sorgen. Das ist nicht gut für Versicherer. Die Politik fordert die Bürger auf, mehr zu konsumieren. Dabei schließt deren Sparquote nicht einmal ihre Rentenlücke. Und niedrige Zinsen schaffen Anreize, jede noch so waghalsige Investition zu tätigen. Anleger, die auf Sicherheit setzen, werden bestraft.*

Focus-Money: *Zum Beispiel durch stetig sinkende Überschussbeteiligungen ...*

Poweleit: *... wer 40 % Verlust erleben will, kann an die Börse gehen. Bei niedrigen Zinsen lässt sich mit Festverzinslichen eben nicht mehr erzielen.*

Focus-Money: *Erwirtschaftet die Branche überhaupt noch die Garantieverzinsung?*

Poweleit: *Kaum. Bezogen auf den gesamten Bestand, muss ein Versicherer mindestens 3,6 % Rendite erzielen, um die Garantien bedienen zu können. Der Kapitalmarkt gibt aber für Neuanlagen nur noch 3 % her. Die Branche kann das noch einige Jahre durchhalten, dann wird es problematisch.«* [264]

Problem IV: Stille Lasten

Stille Lasten sind unrealisierte Kursverluste, die Versicherer aufgrund eigener Bilanzregeln nicht abschreiben mussten. Einige Lebensversicherer wiesen bereits Ende 2007, als die Finanzkrise noch gar nicht ausgebrochen war, stille Lasten aus. Das rächt sich in schlechten Zeiten doppelt.

Hintergrund: Stille Lasten

Stille Lasten sind Wertminderungen des Eigenkapitals eines Versicherungsunternehmens, deren Höhe aus der Bilanz nicht ersichtlich ist. Diese ergibt sich aus der Differenz zwischen dem in der Bilanz verzeichneten Wert der Aktiva und dem tatsächlichen Wert. Beispielhaft sind hier Anlagen von Versicherungsunternehmen in Immobilien genannt: Diese stehen zum Anschaffungswert in der Bilanz. Bei einem Sinken der Immobilienpreise lassen sich diese Werte tatsächlich am Markt nicht erzielen, die Immobilien können nur mit Verlust veräußert werden. Diese Differenz ist eine »stille Last« Sie sind also auf beiden Seiten der Bilanz zu finden und vermindern den Wert eines Unternehmens stärker, als es aus der Bilanz und der Gewinn- und Verlustrechnung ersichtlich ist. Durch »stille Lasten« wird das Eigenkapital zu hoch ausgewiesen.[265]

Ein Beispiel nennt Focus-Money-Redakteur *Markus Voss*: *»So hatte … die Inter Lebensversicherung zum 31. Dezember 2007 stille Lasten von 83 Millionen Euro in den Büchern. Das entsprach fast 7 % ihrer Kapitalanlagen und 4/5 der jährlichen laufenden Beiträge. Würde die Vertriebskraft der Inter erlahmen, wäre der Puffer schnell aufgebraucht.«* [266]

Die deutschen Lebensversicherer sitzen insgesamt auf »stillen Lasten« in Höhe von 32,2 Milliarden Euro, schätzt *Carsten Zielke*, Versicherungsexperte der Société Générale: *»Die ausscheidenden Versicherungsnehmer wären hieran nicht zu beteiligen, sodass dieser Fehlbetrag aus den übrigen freien Mitteln aufzubringen wäre ... Damit wäre die Risikotragfähigkeit für zukünftige Investments weiter eingeschränkt. Zusätzlich muss mehr Liquidität vorgehalten werden.«* [267]

Dr. Marco Metzler vom Deutschen Finanz Service Institut (DFSI) analysierte die »stillen Lasten«, denn in den vergangenen drei Jahren haben die Versicherer immer mehr davon angehäuft und damit ihre Bilanzen verbessert: *»Die Finanzreserven der Lebensversicherer sind deutlich abgeschmolzen. Wir haben dieses Jahr erstmalig die Situation, dass die ›stillen Lasten‹ deutlich höher sind als die ›stillen Reserven‹, das heißt, es entsteht ein Bilanzloch. Es ist ein Kapitalbedarf von rund 40 Milliarden Euro. Hier gibt es Fälle, wo private Investoren dieses Kapital durch Kapitalerhöhung nachschießen können, in anderen Fällen, in aussichtslosen Fällen muss der Staat eben diese Bestände übernehmen und das Kapital nachschießen.«* [268]

Problem V: Das Risikokapital

Ein anderes Problem scheint das Risikokapital der deutschen Lebensversicherer zu sein. So sieht das jedenfalls *Dr. Carsten Zielke*, Generalanalyst der Société Générale: *»Erschreckend ist, dass sich das Risikokapital um 55 % reduziert.«* Er hält aber eine Risikokapitalquote von 12 % für nötig. *»Wir haben derzeit aber nur 6,9 %.«* [269] Im Jahr 2007 waren das noch 15,8 % und im Jahr 2006 sogar 18,9 %.[270] Das Risikokapital der deutschen Lebensversicherer ist also in zwei Jahren um über 63 % geschrumpft!

2.6 »Bis zu 25 Lebensversicherer stehen auf der Kippe«

Das jedenfalls »enthüllt« eine Studie des Aktuars Holz, die auf der Homepage des Deutschen Finanz-Service-Institut GmbH (DFSI) veröffentlicht wurde. Demnach wurden im Mai 2009 die Lebensversicherer einem Stresstest unterzogen und auf ihre finanzielle Substanz überprüft. In Zusammenarbeit von rankingweb.de mit dem DAV-Aktuar Dr. Robert Holz wurden dabei 99 deutsche Lebensversicherer analysiert. Verschiedene Parameter, Faktoren und Geschäftszahlen geben Auskunft darüber, wie sich die einzelnen Unternehmen bei einer negativen Entwicklung der Kapitalmärkte behaupten würden.

Das *Deutsche Finanz-Service Institut* (DFSI) sammelt seit 2008 marktrelevante Informationen im Finanzdienstleistungssektor über Versicherer, Banken, Bausparkassen und gesetzliche Krankenkassen. Als unabhängiger Datendienst bündelt man diese Informationen und stellt die Ergebnisse in einem eigenen Gesamturteil dar. Dabei fließt auch die Zuverlässigkeit der gesammelten Daten in die Benotung ein. Bewertungsmethode und Auswahl der Kennziffern erfolgen durch den Fachbeirat, in dem Branchenexperten mit langjähriger Erfahrung sitzen.[271]

In der Selbstdarstellung heißt es: *»Durch die Bündelung und Aggregation marktrelevanter Daten, Ratingurteile und Risikokennzahlen leistet DFSI einen wichtigen Beitrag zur Schaffung nötiger Transparenz im Sektor der Finanzdienstleistung.«*[272] Das bedeutet, das DFSI kombiniert die Ergebnisse von Ratingagenturen und ergänzt diese durch einen konkreten Stresstest.

Grundlage hierfür sind die veröffentlichten Ratings internationaler Agenturen wie Standard & Poor´s, Fitch Ratings, Moody´s und AM Best, mit denen die Bonität von Versicherungsgesellschaften beurteilt wird. Die DFSI-Bewertung kombiniert daher verschiedene Ansätze und gewichtet bei der Vergabe der eigenen Note die aggregierten Ratings und den Stresstest jeweils zu 50 %.[273]

Vorbemerkung des DFSI:

»Bei einem Stresstest, wie auch von der BaFin auf Basis interner Daten durchgeführt, wird die ausreichende Höhe und die Sicherheit der Kapitalanlagen bestimmt, indem überprüft wird, ob der Marktwert der Kapitalanlagen auch dann noch zur Bedeckung der Verpflichtungen (gebundenes Vermögen) ausreicht, wenn es zu einer vorher definierten Stresssituation an den Kapitalmärkten kommt.

Ein nicht bestandener Stresstest ist ein erstes Indiz, dass der betroffene Versicherer mit seinen unternehmensspezifischen Risiken in den Kapitalanlagen und mit den bestehenden Reserven auf Aktiv- und Passiv-Seite der Bilanz nicht über die notwendigen ökonomischen Sicherheitsmittel verfügt.

Die Stresstests für Personenversicherer werden seit 2003 auf der Basis von externen Bilanzdaten von Dr. Robert Holz, Aktuar DAV, durchgeführt und auf www.rankingweb.de veröffentlicht. Die Annahmen und unterstellten Stresstest-Szenarien unterscheiden sich von den von der Aufsicht durchgeführten Stresstests. Der Stresstest ist eine einperiodige Risikokennziffer auf Basis von historischen Bilanzdaten und berücksichtigt nicht die Finanzkraft der Versicherungsgruppe. Daher sollte dieser nicht als einziges Kriterium zur Beurteilung der Finanzkraft herangezogen werden. Die Rating-Evidenz ist daher beschränkt. In der Aggregation mit den bestehenden Ratings der Versicherer wird jedoch der Gruppenrating-Effekt durch den Stresstest relativiert bzw. die Gruppenstärke mit dem Ergebnis des Stresstests gebündelt. Die Rating-Evidenz wird u.a. durch diesen Effekt erhöht.« [274]

Auf der Basis von Stresstest Szenarien und unter Berücksichtigung von »stillen Lasten« und »stillen Reserven« wurde die Kapitaladäquanz der einzelnen Versicherer bestimmt. Liegt die daraus resultierende Kennzahl unter 100 %, geht es an die finanzielle Substanz der Unternehmen. Den Schwerpunkt des Stresstests bildet jedoch das finanzielle Ausfallrisiko, das weitgehend den ursprünglichen BaFin-Stresstest-Regeln des Jahres 2003 folgt: Bei den Kapitalanlagen des Versicherers wird für ein Viertel der Dividendenwerte – wie Aktien – ein Verlust von 35 % unterstellt. Für $^3/_4$ der Dividendenwerte sowie sämtliche Festverzinsliche werden 10 % Wertverlust angenommen, für Immobilien 25 %. Zudem sind fast für das gesamte Portfolio 2 % Bonitätsabschlag berücksichtigt. Aber auch weitere Faktoren wie etwa das Marktrisiko werden mit einbezogen und das Kundenverhalten, das sich auf Marktanteile, Neugeschäft, Wachstum und Stornierungen auswirkt. Außerdem sind operative und versicherungstechnische Risiken wichtig, bei denen die Kosten, Sterblichkeit, Langlebigkeit oder auch Invalidität eine Rolle spielen.[275]

Hintergrund: Kapitaladäquanz

Das Risiko, dass ein Kreditnehmer seine Verpflichtung gegenüber dem Gläubiger nicht erfüllen kann, wird Kapitaladäquanz oder auch Adressatenausfallrisiko genannt.[276]
Eine Kapitaladäquanz von 100 % sagt also aus, dass der Versicherer auch bei angespannten Kapitalmärkten und schwierigem sonstigem Marktumfeld noch alle Verpflichtungen gegenüber den Versicherten erfüllen kann.[277]

Hier die Lebensversicherer, deren Kapitaladäquanz im DFSI-Stresstest als »schwach« klassifiziert wurde:

Unternehmen	Kapitaladäquanz
Deutsche Ärzteversicherung AG	35 %
Gothaer Lebensversicherung AG	40 %
HDI-Gerling Lebensversicherung AG	43 %
INTER Lebensversicherung AG	- 26 % (»extrem schwach«)
Münchener Verein Lebensversicherung AG	40 %
neue leben Lebensversicherung AG	44 %
Öffentliche Lebensversicherung Berlin-Brandenburg	25 %
ONTOS Lebensversicherung AG	49 %
PB Lebensversicherung AG	43 %
Protektor Lebensversicherungs-AG	47 %

PRUDENTIA Lebensversicherungs-AG (nach Aufnahme des Bestandes der Pensionskasse)	43 %
Sparkassen-Versicherung Sachsen Lebensversicherung AG	43 %
uniVersa Lebensversicherung AG	37 %
VPV Lebensversicherungs-AG	9 % (»sehr schwach«)
Zürich Deutscher Herold Lebensversicherung AG	34 %

Tabelle 11: Kapitaladäquanz (Stresstest-Ergebnis) des DFSI. Quelle: http://www.dfsi-institut.de/ratings.php?c=1_2278 (Auf dieser Website sind die Ergebnisse aller anderen Lebensversicherer veröffentlicht. Viele haben eine Kapitaladäquanz von über 100 %.)

Dr. Marco Metzler, Fachbeirat beim DFSI Deutsches Finanz Service Institut: *»Bereits Ende 2007 hatten rund 16 Lebensversicherer eine schwache Kapitalausstattung. Die Kapitalmärkte in 2008 haben sich extrem schlecht entwickelt, von daher ist auszugehen, dass rund 20 bis 25 Lebensversicherer auf der Kippe stehen.«* [279]

Zu dieser Einschätzung habe ich auch die Bundesanstalt für Finanzdienstleistungsaufsicht (BaFin) und den Gesamtverband der Deutschen Versicherungswirtschaft (GDV) befragt. Deren Stellungnahmen sind in den Kapiteln »Interview II« und »Interview III« wiedergegeben. Vorab: Der GDV lehnt die Studie ab. Das ist verwunderlich, hat Dr. Robert Holz, Aktuar DAV, doch in den Jahren 2002 bis 2004 einen entscheidenden Beitrag zur Entwicklung des vom DAV vorgeschlagenen Stresstest-Modells geliefert, das dann später vom GDV übernommen wurde.[280] Jetzt aber sollen diese Grundlagen nicht mehr seriös sein?

Dabei unterscheidet sich dieser Stresstest meiner Ansicht nach dahingehend, dass seine Szenarien »ehrlicher« und »realistischer« sind als die der BaFin. Dazu *Dr. Marco Metzler*: *»Die Annahmen und unterstellten Stresstest-Szenarien unterschieden sich ursprünglich nur geringfügig von dem Stresstest Szenario der von der Aufsicht durchgeführten Stresstests. Im Laufe der Zeit hat die BaFin und der GDV die Stresstest Szenarien verän-*

dert bzw. aufgeweicht. Die Volatilität an den Kapitalmärkten ist jedoch in diesen Jahren deutlich gestiegen. Dr. Holz ist seit 2002 bei den ursprünglichen Szenarien geblieben. Der Stresstest nach der Methode von Dr. Holz hat sich als valider Indikator der Risikotragfähigkeit auf Basis einer externen Bilanzanalyse bewährt.« [281]

In *Focus Money* verteidigt *Dr. Metzler* deshalb auch die Ergebnisse der Studie (s. auch Interview II): *»Ein nicht bestandener Stresstest ist ein erstes Indiz dafür, dass der Versicherer nicht über die notwendigen Sicherheitsmittel verfügt.«*

Der Nachteil: Da keine durchgängigen Ergebnisse für 2008 vorliegen, basiert der Stresstest auf den Abschlüssen zum 31. Dezember 2007. Er sollte daher *»nicht als einziges Kriterium zur Beurteilung der Finanzkraft herangezogen werden«*, räumt er ein. Dennoch war das unterstellte Szenario wohl selten so zutreffend wie im Krisenjahr 2008: *»Da sind praktisch alle Stress-Szenarien eingetreten – gleichzeitig.«* [282]

Der Stresstest enthüllt, dass von 98 Versicherern gerade einmal 42 eine adäquate Kapitalausstattung haben. Unternehmen mit einer Kapitaladäquanz von unter 100 % müssten ihre Rücklagen auffüllen. Dabei bleiben ihnen folgende Möglichkeiten: frisches Eigenkapital, ein starkes Neugeschäft oder eine Kürzung der Überschussbeteiligung. Dr. Metzler warnt: *»Da sich die Kapitalmärkte nicht erholt haben, gehen wir davon aus, dass in diesem Jahr rund 20 Versicherer in Schwierigkeiten geraten sind ... es gibt deutliche Unterschiede in der Finanzkraft und Rating-Qualität.«* [283]

2.7 Verluste bei den Lebensversicherern

Das Problem, das die deutschen Lebensversicherer vielleicht noch nicht richtig realisiert haben, ist ihre Verbindung mit verschiedenen Banken. Sie sind mit den Geldinstituten so eng verwoben, dass nicht einmal die Finanzaufsicht BaFin die Folgen einer Bankenpleite für die Assekuranz vorhersagen kann. Grund: Bisher müssen die Konzerne ihre Bank-Verflechtungen nicht offenlegen.

Aber auch ein anderes Problem macht die Situation für die Versicherer nicht einfacher: ihre eigenen Aktien. Der Primus der Versicherungsbranche, die Allianz, fuhr bereits Verluste in Milliardenhöhe ein. Die Aktie von Europas größtem Versicherungskonzern hatte bereits in den Monaten Juli bis September 2008 zwei Milliarden Euro an Wert verloren. Wegen der Finanzkrise musste die Allianz zudem 1,6 Milliarden Euro abschreiben. Die Reserven der Allianz von 8,5 % (bezogen auf das Anlagevermögen) halbierte sich durch die Entwicklung der Aktien im Jahre 2008, und in den vergangenen 14 Monaten musste sie drastische Kursverluste von rund 70 % hinnehmen.[284] Der Versicherer beschwichtigt, denn dieser Verlust sei nur durch das desolate Ergebnis der Dresdner Bank zustande gekommen und habe keinen Einfluss auf die Policen. Wirklich?

Das Kapitalanlageergebnis der Ergo-Gruppe, zu der die Hamburg-Mannheimer und Victoria gehören, sank von 5,35 Milliarden auf 2,87 Milliarden Euro.[285] Und andere Lebensversicherer geraten zunehmend unter Druck. Auch der weltgrößte Rückversicherer, die Münchener Rück, hatte etwa 350 bis 400 Millionen Euro Verlust durch die Pleite der US-Investmentbank Lehman Brothers verbuchen müssen. Es ist anzunehmen, dass auch andere Versicherer kräftig mitgemischt und ebenfalls rote Zahlen geschrieben haben. Über das Ausmaß schweigen sie sich aus.

Der größte Schweizer Lebensversicherer, die Swiss Life, gab bereits im November 2008 bekannt, dass sie ohne außerordentliche Gewinne aus Verkäufen deutlich in die Verlustzone gefallen wäre. Als Erklärung gab der Konzern an, die Finanzkrise habe sich auf verschiedene

Anlagekategorien im Portfolio ausgewirkt. Besonders betroffen seien die alternativen Anlagen in Hedgefonds sowie jene **Anleihen** von Firmen gewesen, die zahlungsunfähig geworden sind, darunter auch Anleihen von Lehman Brothers[286]. Als Folge brach der Gewinn der Swiss Life im Jahre 2008 derart ein, dass die Versicherung ihren Kunden nur die Garantiezinsen zahlen konnte. Durch einen Kursrutsch von 75 % war der Konzern gerade noch 1,35 Milliarden Euro wert.[287]

Europas viertgrößter Versicherer, der Schweizer Konzern Zurich Financial, stand ebenfalls vor einem Debakel: Der Gewinn des ersten Quartals 2009 war um 75 % gegenüber dem Vorjahr eingebrochen. Der Versicherer verbuchte auf seine Kapitalanlagen eine Milliarde Dollar Abschreibungen und realisierte Verluste. Der operative Geschäftsgewinn, den Zurich Financial als maßgebliche interne Leistungskennzahl ansieht und der das Anlageergebnis sowie außergewöhnliche Einflüsse ausklammert, lag mit 1,06 Milliarden Dollar um 40 % unter dem Vorjahresniveau.[288]

2.8 Der »schwarze Freitag« für die Assekuranz

Aber damit nicht genug, der »schwarze Freitag« für Versicherungsaktien ereignete sich am 23. Januar 2009: Die Assekuranz-Aktien stürzten europaweit ab, Papiere der Versicherer Aiva und Legal & General brachen in London zweistellig ein, die des US-Versicherers Aflac sogar um 37 %.

Morgan-Stanley-Analyst Nigel Dally hatte zuvor vor einem starken Verfall der Preise von Hybridanleihen gewarnt. Das sind riskante, unbesicherte Papiere, bei deren Ausfall den Zeichnern – darunter Versicherungskonzerne – Komplettverluste drohen. Dally schätzte das Gesamtvolumen der Positionen von Aflac auf 7,9 Milliarden Dollar, von dem etwa 80 % auf europäische Finanzinstitute entfallen.

Gerüchte über weitere Abschreibungen auf Anleihen schlechter Qualität machten auch bei Swiss Re die Runde, deren Aktien um rund 12 % verloren. Eine Sprecherin des Versicherungskonzerns wollte Spekulationen nicht kommentieren.

Einer der größten Verlierer bei den Nebenwerten in Deutschland hingegen war die Hannover Rück, deren Aktien ein Minus von über 10 % zählten. Aber auch die Aktien der Allianz verloren 10 %, Axa brach um 8 % ein, der niederländische Finanzkonzern ING Groep um über 11 %. Die BaFin (Bundesanstalt für Finanzdienstleistungsaufsicht) wollte sich zu den Kursstürzen und den Gerüchten über die Anlage der Versicherer nicht äußern.[289]

2.9 Drohen Kürzungen von Versicherungsleistungen?

Vor Verlusten ist kein Lebensversicherer gefeit. Sie legen ja die Prämien ihrer Kunden (Sparanteile) auch am Kapitalmarkt an und garantieren eine Verzinsung von 2,25 %. Die Konzerne haben das Geld ihrer Kunden aber häufig in bis dato sicher geglaubten Anleihen investiert, wie ich dargestellt habe. Rangieren diese jedoch lange unter der Garantieverzinsung oder gehen die Unternehmen, die diese Anleihen auflegen, gar pleite, dann wird es auch für die Versicherungen schnell eng. Denn sie müssten dann bei jeder Policenauszahlung drauflegen. Das dürfte auf Dauer kein Konzern aushalten.

Prof. Dr. Jochen Zimmermann vom Lehrstuhl Betriebswirtschaft an der Universität Bremen: *»Wenn wir aber jetzt dauerhaft wegen der Geldpolitik in eine Niedrigzinsphase eintreten, dann kann das für die Versicherer auch bedeuten, dass sie die Versprechen, die sie abgegeben haben zu ganz anderer Zeit, nicht mehr werden halten können. Als Konsequenz müsste man Leistungen, die man versprochen hat, kürzen, was auch aufsichtsrechtlich geht.«* [290] Im Klartext: Kürzungen der Versicherungsleistungen.

Interview I: Dr. Carsten Zielke, Senior Insurance ALM Analyst GSFI der Société Générale in Frankfurt/Main

Michael Grandt: Die Kapitalanlagen vieler Lebensversicherer sind in Pfandbriefen der HRE hinterlegt. Herr Hagen, Hauptgeschäftsführer vom Verband deutscher Pfandbriefbanken, ist der Auffassung, dass die Pfandbriefe allgemein, nicht nur die der HRE, sicher sind. Teilen Sie diese Auffassung?

Dr. Carsten Zielke: Das deutsche Pfandbriefrecht sieht eine besondere Sicherung vor. Unter der Prämisse, dass die als Sicherungsmittel eingebrachten Güter tatsächlich dem angesetzten Wert entsprechen, ist diese Aussage richtig. Anders verhält es sich mit der Liquidität. Pfandbriefe leiden wie viele andere festverzinsliche Papiere auch unter Risikoaufschlägen, weil die Nachfrage gering ist.

Michael Grandt: Wie garantieren die Versicherer ihren Kunden die Garantiezinsen, wenn auf dem Kapitalmarkt weniger Rendite erwirtschaftet werden kann als die Höhe der Garantiezinsen?

Dr. Carsten Zielke: Die Versicherer müssen in höher rentierende Papiere wie Unternehmensanleihen, Pfandbriefe und ausländische Staatspapiere investieren, um weiterhin einen genügenden Zins erhalten zu können. Auch würden wir uns ein stärkeres Investment in Aktien wünschen. Allerdings verfügen die Versicherer hier derzeit über zu wenig Puffer.

Michael Grandt: Prof. Dr. Jochen Zimmermann vom Lehrstuhl Betriebswirtschaft an der Universität Bremen sagt: *»Wenn wir aber jetzt dauerhaft wegen der Geldpolitik in eine Niedrigzinsphase eintreten, dann kann das für die Versicherer auch bedeuten, dass sie die Versprechen, die sie abgegeben haben zu ganz anderer Zeit, nicht mehr werden halten können. Als Konsequenz müsste man Leistungen, die man versprochen hat, kürzen, was auch aufsichtsrechtlich geht.«* Wie beurteilen Sie das?

Dr. Carsten Zielke: Diese Aussage ist vom Grundsatz her richtig. Wir glauben aber, dass wir mittelfristig wieder steigende Zinsen sehen werden. Dies liegt schon allein in der aktuellen hohen Neuverschuldung der Staaten begründet.

Michael Grandt: Stehen verschiedene Lebensversicherer wirklich auf der Kippe?

Dr. Carsten Zielke: In unserer Stichprobe von 26 Versicherern leiden zwar alle unter den aktuellen Finanzmärkten, es steht aber keiner »auf der Kippe«. Lediglich ihr Handlungsbedarf ist eingeschränkt. [291]

Interview II: Stephanie Strauß vom Gesamtverband der Deutschen Versicherungswirtschaft e. V. (GDV) in Berlin

Michael Grandt: Dr. Marco Metzler, Fachbeirat beim DFSI Deutsches Finanz Service Institut: *»Bereits Ende 2007 hatten rund 16 Lebensversicherer eine schwache Kapitalausstattung. Die Kapitalmärkte in 2008 haben sich extrem schlecht entwickelt, von daher ist auszugehen, dass rund 20 bis 25 Lebensversicherer auf der Kippe stehen.«* Wie stehen Sie zu dieser Aussage?

GDV: Diese Aussage halten wir für unseriös. Dem GDV ist kein Versicherungsunternehmen bekannt, welches »auf der Kippe« steht. Der auf der DFSI-Website veröffentlichte »Stresstest« ist ungeeignet, die Behauptung einer Gefährdung von Versicherungsgesellschaften zu untermauern. Die angeblichen Stresstests des DFSI sind nicht mit den von der Bundesanstalt für Finanzdienstleistungsaufsicht (BaFin) oder der Deutschen Aktuarvereinigung (DAV) verwendeten und etablierten Stresstests identisch. Das von Herrn Dr. Holz erfundene Modell zum Rating von Versicherungsunternehmen wird vom GDV als fachlich und von der Datenbasis her als ungeeignet angesehen. Auch bei einer gutwilligen Interpretation bleibt die mangelhafte Beschreibung der Testmethodik durch Fachleute kaum nachvollziehbar. Sofern eine Beurteilung der Testmethodik auf dieser Basis überhaupt möglich ist, deuten sich erhebliche Fehler an: Das Risiko aus der Kapitalanlage wird wesentlich überzeichnet. Dies geschieht insbesondere dadurch, dass Diversifikationseffekte bei der Simulation von Stress-Szenarien unberücksichtigt bleiben:

- Die Bewertung des Aktienrisikos geht von einem zu hohen durchschnittlichen Aktienanteil in den Kapitalanlagen der Versicherer aus. Die tatsächlich vorhandene Aktienquote der einzelnen Unternehmen bleibt unberücksichtigt. Dies kann – aufgrund der erheblichen Bedeutung dieses Risikos – zu massiven Abweichungen zum tatsächlichen Risiko führen. Zudem ist nicht berücksichtigt, dass ein großer Teil der Aktienanlagen von Lebensversicherern gegen Wertverluste gesichert wird.

- Die Bewertung des Bonitätsrisikos erfolgt unabhängig von der tatsächlichen Bonität der Emittenten der von den Versicherungsunternehmen gehaltenen Wertpapiere. Diese wird gar nicht ermittelt. Da Lebensversicherer fast ausschließlich festverzinsliche Wertpapiere von Emittenten mit sehr guter Bonität halten, wird die angenommene Ausfallquote deutlich überzeichnet.

- Auch das Immobilienrisiko – wenngleich für die Branche nur von geringer Bedeutung – wird überzeichnet. Angesetzt wird will-kürlich ein Stress-Szenario von 25 % – das ist das 2,5-Fache des BaFin-Stresstests.

- Die DFSI-Ergebnisse stehen in Widerspruch zu den Finanzstärke-ratings sämtlicher bereits am Markt etablierter Ratingagenturen.

Einschub: Ich habe *Dr. Metzler* die Gelegenheit dazu gegeben, auf die Kritik des GDV zur Studie zu reagieren. Hier seine Erwiderung:

Dr. Marco Metzler: Das DFSI hat keinen Stresstest durchgeführt, sondern der Aktuar Holz mit seiner Studie. Der Aktuar Holz hat kein Rating »erfunden«, sondern nach einer etablierten Methodik einen Stresstest durchgeführt. Die DFSI-Ergebnisse sollen im Widerspruch zu etablierten Ratings (S&P, Moody's, Fitch, AMBEST) stehen, wenn Anzeichen vorliegen, dass die Ratings nicht ganz richtig sind, das ist der Sinn und Zweck. Die Stellungnahme des GDV hat damit erhebliche fachliche Mängel.[292]

Zurück zum Interview mit dem GDV:

Michael Grandt: Bisher prüfte die BaFin, ob ein Versicherer noch bestehen kann, wenn der Akteinmarkt um 35 % einbricht. Jetzt wurde der Test modifiziert. Aktuell gilt ein Stress-Szenario von minus 16 %. *Dr. Thomas Steffen*, Exekutivdirektor der BaFin: *»In fallenden Aktienmärkten wäre es falsch, den Stress beizubehalten oder sogar zu erhöhen. Das führt dazu, dass Versicherer sich wie Lemminge verhalten würden. Das heißt, in fallenden*

Aktienmärkten zusätzlich Aktien verkaufen. Das würde dann wiederum die Märkte zusätzlich belasten, das kann nicht im Sinne der Aufsicht sein.« Sollte gerade in diesen Zeiten die Aufgabe der BaFin nicht darin bestehen, den Stresstest auszuweiten, anstatt nach unten zu modifizieren?

GDV: Die Modifizierung des Stresstests ist eine Lehre, die aus den Erfahrungen der Krise des »Neuen Marktes« in den Jahren 2001 bis 2003 gezogen wurde. Damit will die Aufsicht ein prozyklisches Handeln der Versicherungsunternehmen in der Finanzmarktkrise vermeiden. Der GDV begrüßt deshalb diese Maßnahme. Da ein solches antizyklisches System sinnvoll ist, wird etwas Vergleichbares ebenfalls in dem neuen europäischen Versicherungsaufsichtssystem Solvency II integriert sein. Wegen der geringen Aktienquoten der Lebensversicherer ist dieser Stresstest in der Praxis nur von geringer Relevanz.

Michael Grandt: *Dr. Carsten Zielke*, Managing Director der Société Générale in Frankfurt, hält das einseitige Engagement der Versicherer, hauptsächlich in deutsche Bankwerte zu investieren, für sehr riskant und bezweifelt deren absolute Sicherheit: *»Diese werden in den Bilanzen in der Regel mit 100 angesetzt. Tatsächlich haben wir heute aber einen sehr illiquiden Markt, es finden quasi keine Transaktionen statt, sodass der tatsächliche Marktwert nur zwischen 70 und 80 % liegen würde. Auch mit der Sorge, dass hier noch weitere Risiken auftauchen.«* Stimmt diese Aussage?

GDV: Konkret stellt Herr Dr. Zielke in seiner o. g. Aussage auf Schuldscheindarlehen ab. Seine darin getroffene Bewertung, dies seien keine sicheren Geldanlagen, teilen wir nicht.

- Schuldscheindarlehen werden zum Nennwert bilanziert und müssen auch in einer Summe zum Nennwert zurückgezahlt werden. Dem liegt das in der Versicherungsbranche vorherrschende langfristige Anlageprinzip zugrunde. Darüber hinaus aber ist eine solche bilanzielle Verfahrensweise nicht allein auf die Versicherungsbranche beschränkt, sondern ist auch bei anderen Darlehensgebern, die nach HGB bilanzieren, ein übliches Verfahren.

- Die Aussage, aus diesem Finanzsegment könnten größere Risiken resultieren, ist unbegründet und entspricht nicht der gegebenen Bilanzrealität in der Branche. Vielmehr wiesen (auch) die Schuldscheindarlehen per 31. Dezember 2008 stille Reserven aus. Sie ist auch deshalb falsch, weil die Bundesregierung verschiedentlich versichert hat, dass sie keine systemisch wichtige Bank in die Insolvenz gehen lassen will und das Rettungspaket in der Praxis funktioniert. Außerdem entspricht es dem Kapitalanlage-Management der Versicherungsunternehmen, die Darlehen bis zur Endfälligkeit zu halten. Eine vorzeitige Veräußerung widerspricht der typischen Anlagepolitik deutscher Versicherer.

Michael Grandt: Wie garantieren die Versicherer ihren Kunden die Garantiezinsen, wenn auf dem Kapitalmarkt weniger Rendite erwirtschaftet werden kann als die Höhe der Garantiezinsen?

GDV: Natürlich erschwert die niedrige Verzinsung von Staatsanleihen den Versicherern die Darstellung der Garantieverzinsung. Dennoch sehen wir den Garantiezins nicht in Gefahr. Denn die Lebensversicherer können niedrige Zinsen auch über einen längeren Zeitraum ausgleichen, da sie über ausreichend Steuerungsmechanismen verfügen (sogenanntes »Asset-Liability-Management«): aktivseitig über entsprechende Absicherungsgeschäfte, passivseitig über den Einsatz von Puffern:

Passiv-Seite: Die Lebensversicherer können Teile der RfB (freie RfB und Schlussüberschussanteil-Fonds) in Krisenzeiten als Puffer zur Stärkung der Garantie-Rückstellung oder zur Abfederung von Verlusten auf der Kapitalanlagenseite einsetzen. Sie haben hier die »guten« Jahre 2004 bis 2007 genutzt, um die zuvor abgeschmolzenen Puffer wieder aufzubauen.

Aktiv-Seite: Das Aktienengagement der Versicherungswirtschaft wurde bereits frühzeitig abgesenkt und liegt im Branchenschnitt bei derzeit unter 5 %, wobei ein Großteil dieser Positionen überdies abgesichert ist. Ohne Berücksichtigung der Absicherungsmaßnahmen beträgt die Aktienquote sogar nur unter 3 %. Auch zu Beginn der Finanzkrise war die Aktienquote im Branchendurchschnitt mit rund 10 % bereits niedrig. Daher sind die deutschen Versicherungsunternehmen von dem Kurseinbruch an den Aktienmärkten auch nur moderat betroffen.

Der starke Zinsrückgang betrifft keineswegs alle Wertpapiere. Anlagen wie Unternehmensanleihen, Pfandbriefe und Darlehen etc. sind vom Zinsrückgang nicht betroffen und weisen eine deutlich höhere Rendite als Staatstitel auf. Auf das Zinsniveau dieser Papiere hat der Rückgang des EZB-Leitzinsniveaus gegenwärtig keinen unmittelbaren Einfluss. Außerdem haben die Versicherer heute Wertpapiere staatlicher Emittenten im Bestand, die sie vor 3, 5 oder 10 Jahren gekauft haben und deren Coupon deutlich höher ist als der, den man heute beim Kauf von Staatsanleihen bekommt.

Darüber hinaus können sich die Versicherer auch mit Optionsgeschäften gegen weitere Zinssenkungen absichern.

Michael Grandt: *Prof. Dr. Jochen Zimmermann* vom Lehrstuhl Betriebswirtschaft an der Universität Bremen: »*Wenn wir aber jetzt dauerhaft wegen der Geldpolitik in eine Niedrigzinsphase eintreten, dann kann das für die Versicherer auch bedeuten, dass sie die Versprechen, die sie abgegeben haben zu ganz anderer Zeit, nicht mehr werden halten können. Als Konsequenz müsste man Leistungen, die man versprochen hat, kürzen, was auch aufsichtsrechtlich geht.*« Wie beurteilen Sie dieses Statement von Prof. Dr. Zimmermann?

GDV: Für Deutschland gibt es derzeit keine Anzeichen für ein Japan-Szenario (d. h. lang anhaltendes Niedrigzinsumfeld), und es wird auch kein solches erwartet. Vorübergehende Niedrigzinsphasen können von den Versicherern ausgeglichen werden (vergleiche dazu Ausführungen oben).

Es ist richtig, dass eine Kürzung von garantierten Leistungen nach § 89 VAG rechtlich möglich ist – zu so einem Fall ist es aber noch nie gekommen. Wir gehen aus oben genannten Gründen auch nicht davon aus, dass dies einmal der Fall sein wird. Zumal es einen zusätzlichen Sicherungsmechanismus gibt.

Alle deutschen Lebensversicherer sind beim gesetzlichen Sicherungsfonds »Protektor AG« Pflichtmitglied, sodass im Sicherungsfall jeder Lebensversicherungsvertrag gesetzlich geschützt ist. Für den Fall, dass ein deutsches Lebensversicherungsunternehmen in finanzielle Schieflage gerät und seine Geschäfte nicht fortführen kann, springt dieser Sicherungsfonds ein. Alle betroffenen Lebensversicherungsverträge werden dann auf die Protektor AG übertragen und von ihr fortgeführt – das ist in dieser Form eine einzigartige Konstruktion. Protektor ist der einzige Sicherungsfonds, der die Verträge weiterführt. Die Erfüllung der Lebensversicherungsverträge und der damit verbundenen Garantieversprechen der Versicherten ist daher sicher.[293]

2.10 Wie sicher ist die Auffanggesellschaft »Protektor?«

Die Lebensversicherungen in Deutschland haben eine eigene Auffanggesellschaft mit dem Namen »Protektor«, deren Aufgabe es ist, Verträge eines insolvent gewordenen Konzerns zu übernehmen. Bei einer Pleite kann Protektor bis zu 1 % der Netto-Rückstellungen der Versicherungen aufwenden, um die Kunden zu schützen. Sachversicherungen zählen nicht dazu. Ende 2007 betrug das Vermögen des Sicherungsfonds 6,5 Milliarden Euro. Neuere Zahlen sind noch nicht veröffentlicht.

In einem Notfall müsste die Branche zusätzliche 680 Millionen Euro bereitstellen. Reicht auch das nicht, kann die Versicherungsaufsicht BaFin Leistungen, wie etwa Auszahlungen, pauschal um 5 % kürzen und ein temporäres Kündigungsverbot verhängen, was bedeuteten würde, dass Kunden ihre Policen dann nicht einmal mehr zum Rückkaufswert in Bargeld umwandeln könnten.

Gehen ein großer oder gar mehrere Versicherungskonzerne pleite, stellt die Branche freiwillig (!) zusätzlich bis zu 6,8 Milliarden Euro zur Verfügung, maximal aber 1,3 Milliarden Euro pro Jahr und je Sicherungsfall. Ein vergleichsweise geringer Betrag, denn deutsche Lebensversicherer zahlen jedes Jahr rund 64 Milliarden Euro an ihre Kunden aus.

Wenn große Banken zusammenbrechen, geraten die Versicherungen ebenfalls in Schieflage, denn viele haben das Geld ihrer Versicherten auch in Schuldverschreibungen von Banken und Bankaktien angelegt, wie ich dargelegt habe. Diese können drastisch an Wert verlieren – bis zum Totalverlust.

Der Einlagensicherungsfonds garantiert zwar für die Lebensversicherungsverträge, aber nur theoretisch, denn praktisch kann Protektor sehr schnell überfordert werden. Die Sicherungseinrichtung befindet sich zudem noch im Aufbau, denn erst bis Ende 2009 müssen die Versicherer die gesetzlich vorgeschriebenen 680 Millionen Euro eingezahlt haben, aber das ist auch nur ein Tausendstel (!) aller Nettorückstellungen. Kann Protektor eine Lebensversicherung nicht retten, erlöschen die Verträge mit den Kunden. Und die Versicherten müssen dann versuchen, ihre Ansprüche, zumindest teilweise, aus der Insolvenzmasse zu befriedigen. Sollten also mehrere Lebensversicherer gleichzeitig bankrott gehen, stünde die Auffanggesellschaft wohl selbst sehr schnell vor dem Aus.[294] Die »Sicherheit« der Auffanggesellschaft Protektor ist also nur als sehr bedingt anzusehen.

2.11 Das »zwielichtige« Verhalten der BaFin

Deutsche Bankwerte, in denen die meisten Lebensversicherer investiert haben, sind nicht mehr sicher. Die deutsche Versicherungswirtschaft verfügt über Kapitalanlagen von 1,175 Billionen Euro und ist damit einer der größten Investoren. Bräche die Branche zusammen, würde das eine unvorstellbare Finanzkatastrophe auslösen.

Das will die BaFin mit allen Mitteln verhindern und versucht mit einer – meiner Meinung nach – »zwielichtigen« Vorgehensweise das wahre Ausmaß zu beschönigen oder zumindest zu verschleiern:

Der Stresstest wird gelockert

Die Bundesanstalt für Finanzdienstleistungsaufsicht (BaFin) – die Versicherungsaufsicht ist ein Bereich davon – ist eigentlich dazu da, die Versicherer zu kontrollieren. Das sollte noch mehr in Zeiten einer Finanzkrise gelten. Doch die Bundesaufsicht lockerte den Stresstest, damit weniger Unternehmen durchfallen und Panik vermieden wird. Auf der Strecke bleibt wohl der Kunde, der keine objektiven Auskünfte mehr erhält.

Die BaFin unterzieht Versicherungen seit dem letzten Börsencrash 2002/2003 zu jedem 31. März des Folgejahres einem sogenannten »Stresstest«. Dieser simuliert die Auswirkungen eines Preisverfalls bestimmter Anlageklassen auf das Eigenkapital bzw. der Kapitalreserven eines jeden Unternehmens.

Der Stresstest 2008 umfasste folgende Szenarien:

1. Ein 10 %iger Kursrückgang bei festverzinslichen Wertpapieren
2. Rückgang der Aktienkurse um 18 %, basierend auf dem Euro-Stoxx-Stand von 2600 Punkten zum Jahresende 2008 (s. u.)
3. Kursrückgang der Aktien um 12 und Kursrückgang der Festverzinslichen um 5 %
4. Kursrückgang der Aktien um 12 und Rückgang der Immobilienpreise um 10 %

Aber gegenüber 2007 wurden die Abschläge durch die BaFin sogar leicht gesenkt, um »prozyklische Effekte« zu verhindern. Denn 2003 waren viele Versicherungsunternehmen gezwungen, aufgrund der Stresstest-Ergebnisse Wertpapiere zu verkaufen, bzw. dadurch Verluste zu realisieren, da sie dann nicht mehr von deren späterer Kurserholung profitieren konnten.

Bisher prüfte die Aufsicht, ob ein Versicherer noch bestehen kann, wenn der Aktienmarkt um 35 % einbricht. Dies ist von der Wirklichkeit der weltweit sinkenden Börsenwerte aber schon längst überholt. An ihrem Tiefpunkt verloren die internationalen Aktienmärkte über 50 %,[295] so hat auch die bisherige Annahme von 35 % mit der Realität nichts mehr zu tun.

Doch jetzt wurde der Test von der BaFin sogar noch modifiziert. Aktuell gilt ein Stress-Szenario von lediglich minus 16 %! Dadurch sollen weniger Unternehmen durchfallen.

Dr. Thomas Steffen, Exekutivdirektor der BaFin, verteidigt dies (s. auch Interview III): *»In fallenden Aktienmärkten wäre es falsch, den Stress beizubehalten oder sogar zu erhöhen. Das führt dazu, dass Versicherer sich wie Lemminge verhalten würden. Das heißt, in fallenden Aktienmärkten zusätzlich Aktien verkaufen. Das würde dann wiederum die Märkte zusätzlich belasten, das kann nicht im Sinne der Aufsicht sein.«* [296]

Im Klartext: Damit die Versicherungsunternehmen durch den Verkauf ihrer Kapitalanlagen die Aktienmärkte nicht noch mehr belasten, wird von der Bundesaufsicht ein Stresstest »geschönt«, der dem Kunden eigentlich Auskunft über die **tatsächliche** Lage seiner Versicherung geben sollte.

Der EuroStoxx 50 als Stressfaktor-Grundlage

Die Entscheidung der BaFin, den Stressfaktor für Aktien in Abhängigkeit des EuroStoxx 50 zu setzen, wird zwar von der Versicherungswirtschaft als »wichtiger Schritt« angesehen.[297] Ich finde dies jedoch höchst problematisch. Denn das bedeutet, dass die Finanzaufsicht lediglich die Aktien von 50 (!) **europäischen** Unternehmen als Grundlage für den Stresstest nimmt, wobei die einzelnen Lebensversicherer Aktien von weit mehr Firmen besitzen und zwar **weltweit**. Kein einziges US-Unternehmen ist darunter, sondern im Gegenteil viele Versicherungsunternehmen und Banken, die ja gerade diesem Test ausgesetzt werden sollten. Deshalb fragte ich beim GDV an, ob Erkenntnisse vorliegen, bei welchen Unternehmen des EuroStoxx 50 die Versicherer ihr Geld anlegen.

Hier die Antwort:

»Im Hinblick auf das direkte Aktienengagement kann folgende Differenzierung gemacht werden:

- *DJ EuroStoxx 600, DAX 30, MDAX oder einem gleichwertigen Index: 94,9 %*
- *MSCI World, S&P 500, Dow Jones 30 oder einem gleichwertigen Index: 2,5 %*
- *TecDAX oder einem gleichwertigen Index: 0,1 %*
- *NASDAQ oder einem gleichwertigen Index: 0,3 %*
- *sonstiger Index: 2,2 %.«* [298]

Leider lässt sich so nicht aufschlüsseln, wie viel Prozent der Aktien in EuroStoxx-, DAX 30- oder MDAX-Unternehmen angelegt werden.

Überraschend: Die Versicherer legen das Kapital also **nicht** in den EuroStoxx **50**, sondern in den EuroStoxx **600** an!

Der Unterschied: Der MSCI Europe oder DJ EuroStoxx 600 bildet die 600 größten Unternehmen aus ganz Europa ab, der EuroStoxx 50 lediglich die 50 größten Unternehmen der Euro-Länder. Der EuroStoxx 50 geht zwar aus dem EuroStoxx 600 hervor, aber das bedeutet nicht gleichzeitig, dass die Versicherungsunternehmen auch in die 50 Unternehmen des EuroStoxx 50 angelegt haben, immerhin bleiben somit noch 550 andere übrig.

Die BaFin geht also von einer völlig falschen Annahme aus. Um noch einen draufzusetzen: Der EuroStoxx 50 **halbierte** [299] sich im Jahr 2008, im Stresstest wird jedoch nur von einem Minus von 16 % ausgegangen, was angesichts der Tatsachen realitätsfremd ist.

Hier die 50 Unternehmen, deren Aktienentwicklungen nun dem Stresstest zugrunde gelegt werden (Stand: 30. Januar 2009):

1	AEGON N. V.	Niederlande
2	Air Liquide S. A.	Frankreich
3	Allianz SE	Deutschland
4	Alstom	Frankreich
5	ARCELORMITTAL S. A.	Luxemburg
6	Assicurazioni Generali S. p. A.	Italien
7	AXA S. A.	Frankreich
8	Banco Bilbao Vizcaya Argentaria	Spanien
9	Banco Santander Central Hispano S. A.	Spanien
10	BASF SE	Deutschland
11	Bayer AG	Deutschland
12	BNP Paribas S. A.	Frankreich
13	Carrefour S. A.	Frankreich
14	Crédit Agricole S. A.	Frankreich
15	Daimler AG	Deutschland
16	Deutsche Bank AG	Deutschland
17	Deutsche Börse AG	Deutschland
18	Deutsche Telekom AG	Deutschland
19	E.ON AG	Deutschland
20	ENEL S. p. A.	Italien
21	ENI S. p. A.	Italien
22	Fortis AG	Niederlande
23	France Télécom	Frankreich
24	Groupe DANONE S. A.	Frankreich
25	Iberdrola S. A.	Spanien
26	ING Groep N. V.	Niederlande
27	Intesa Sanpaolo S. p. A.	Italien
28	L'Oreal S. A.	Frankreich
29	LVMH S. A.	Frankreich
30	Münchener Rück AG	Deutschland
31	Nokia Corp.	Finnland
32	Philips Electronics N. V.	Niederlande
33	Renault	Frankreich

34	Repsol YPF S. A.	Spanien
35	RWE AG	Deutschland
36	Compagnie de Saint-Gobain	Frankreich
37	Sanofi-Aventis S. A.	Frankreich
38	SAP AG	Deutschland
39	SCHNEIDER ELECTRIC S. A	Frankreich
40	Siemens AG	Deutschland
41	Société Générale S. A.	Frankreich
42	SUEZ S. A.	Frankreich
43	Telecom Italia S. p. A.	Italien
44	Telefónica S. A.	Spanien
45	Total S. A.	Frankreich
46	Unicredito Italiano S. p. A.	Italien
47	Unilever N. V.	NL/GB
48	VINCI S. A.	Frankreich
49	Vivendi S. A.	Frankreich
50	Volkswagen	Deutschland

Die Kopplung des EuroStoxx 50 an den »unabhängigen« Stresstest der BaFin ist eine weitere »Verschönerung« der tatsächlichen Lage und eine Augenwischerei. Zwar sind *Dr. Dirk Schlochtermeyer* und *Matthias Köhne* vom Gesamtverband der Deutschen Versicherungswirtschaft überzeugt, dass *»viele«* Versicherungen den *»bisherigen«* Stresstest in der Praxis *»intern«* weiterrechnen,[300] aber diese Ergebnisse werden dann wohl nicht an die Öffentlichkeit gelangen. Doch gerade der Lebensversicherungskunde hat das Recht zu wissen, wie »seine« Versicherung bei einem »objektiven« Stresstest abschneidet.

Abschreibungsregeln werden »frisiert«

Entgegen öffentlich positiver Beteuerungen der Versicherer, scheute die Branche Ende 2008 nicht davor zurück, auf eine nachsichtigere Abschreibungsregelung bei Aktieninvestments zu beharren – schließlich mit Erfolg. Um eine Liquiditätskatastrophe in der Branche zu verhindern, veränderte die Bundesaufsicht für Finanzdienstleistungen (Ba-

Fin) nun die Abschreibungsregeln frei nach dem Prinzip »Hoffnung«: Angesichts der Finanzkrise hat sie nun Bilanzierungsregeln erlassen, die Versicherungsunternehmen eine »Schonfrist« für die Abschreibungen auf Wertpapiere gewähren.

Die jetzige Regelung ist Ausdruck einer tiefen Verunsicherung der Versicherungsbranche und der BaFin. Die Bundesaufsicht reagierte auf das andauernde Kursstakkato an den Märkten mit einer Aufweichung der Abschreibungsregel, was in Insiderkreisen eine Sensation darstellt: Für 2008 wird die Grenze **rückwirkend** auf 20 % ausgeweitet. Bisher war dies nur mit 10 % möglich.

Die Versicherer durften bisher schon Aktien, die sie langfristig im Bestand halten, mit Buchwerten bilanzieren, die **über** den tatsächlichen Kursen zum Bilanzstichtag liegen. Sie müssen die Differenz nicht voll abschreiben und verbessern somit ihre Gewinnlage zumindest auf dem Papier. Sie müssen jetzt also erst wertberichtigen, wenn der bilanzielle Buchwert eines Papiers seinen Marktwert um mehr als 20 % übersteigt. In der Vergangenheit waren davon vor allem Aktien betroffen.

Doch das ist in der Finanzkrise anders: Auch auf Anleihen, die den größten Teil der Kapitalanlagen der Versicherer ausmachen, trifft dies nun zu. Ein Beispiel soll verdeutlichen, was die Vorgehensweise der BaFin in der Praxis bedeutet:

Ein Lebensversicherer hat ein Kapital von 100 Millionen Euro angelegt. Das steht mit einem Wert von 100 Millionen Euro auch so in den Bilanzen. Die Anlage ist aber derzeit nur noch 80 Millionen Euro wert. Trotzdem müssen Versicherer diesen Wertverlust nicht oder nur bedingt abschreiben, schönen damit ihre Bilanz. So klafft eine Bewertungslücke von 20 Millionen Euro, die als »stille Lasten« bezeichnet wird. Die Bilanz wird so – legal – beschönigt.

Durch die reine Bilanzkosmetik, die die BaFin nun zulässt, wird, langfristig gesehen, eine neue Geldblase entstehen, die, wenn sie dann platzt, einen katastrophalen Schaden anrichten kann.[301]

Diskontierung zukünftiger Erträge

Eine weitere Methode, eine Bilanz zu »beschönigen«, besteht in der Bewertung der Aktien. Aus Versicherungskreisen[302] wird berichtet, es sei gängige Praxis, dass die Wirtschaftsprüfer bei der Feststellung des »beizulegenden Wertes« einer Aktie mögliche Dividenden und auch eventuelle Verkaufserlöse dieser Papiere in die Bewertung einfließen lassen. Diese Diskontierung zukünftiger Ertragsströme ist aber mit »Unsicherheiten« behaftet.

Hintergrund: Diskontierung

Diskontierung ist die Bewertung zukünftiger Zahlungen mit Hilfe von heutigen Zahlungen. Anders formuliert: Welchen Betrag (Gegenwartswert) brauche ich heute, um bei gegebenem Zinssatz bestimmte Zahlungen in der Zukunft zu generieren? Die Diskontierung wird in der VWL oder in der Finanzwirtschaft zur Bewertung von zukünftigen Einkommen/Ausgaben verwendet.

Dr. Carsten Zielke kritisiert: »*Wenn es aber heißt, ich wende die 20 % auf einen Wert an, den man im Grunde selbst ausrechnet, halte ich dieses Vorgehen für problematisch.*«[303] Was heißt das in der Praxis? Das *Manager-Magazin* machte den Test und konfrontierte einen Wirtschaftsprüfer mit einem konstruierten Fall:

- Ein Versicherungsunternehmen[304] hält zum Jahresende 2007 Aktien der Commerzbank, die zu dieser Zeit an der Börse mit 26 Euro notierten und das es auch zu diesem Preis erworben hat. Mit welchem Wert sind diese Aktien dann ein Jahr später zu bilanzieren, wenn diese Ende 2008 nur noch 6 Euro, also 77 % weniger wert waren?
- Der *Wirtschaftsprüfer* zögert. »Abschreibungsbedarf besteht da sicher, aber nicht zwingend auf den Börsenkurs vom 31. Dezember 2008. Ich meine, in der Praxis würden wir den Wert vermutlich irgendwo in dem Bereich zwischen Kaufpreis und 20 % unter dem Kaufpreis ansetzen.«

- Der Prüfer würde also einen Abschreibungsbedarf von rund 20 % unterstellen, womit die Differenz zur tatsächlichen Wertminderung immer noch mindestens 50 % betrüge. *»Er müsste dann selbstverständlich glaubhaft machen, dass die Differenz zum Börsenkurs auch vertretbar ist«*, pflichtet der Insider schnell bei. Später gesteht er ein, dass Kunden und Wirtschaftsprüfer bei Bewertungsfragen auch schon *»mal im Clinch«* lägen. »Das ist nur natürlich, kein Unternehmen möchte von vornherein die größten Verluste zeigen. Da haben wir eine gewisse Korrekturfunktion.«

- Wie »vernünftig« in der Bilanzierungspraxis ein bis zu 50 % über dem Aktienkurs angesetzter Buchwert ist und wie ein Prüfer diesen gegebenenfalls noch sinnvoll begründen kann, bleibt dahingestellt. Derlei Schilderungen und Einschätzungen aus der Praxis sind je doch nicht dazu angetan, das Vertrauen in die Bilanzen der Versicherer zu stärken. Was bleibt, ist der Eindruck der Beliebigkeit.[305]

Hintergrund: Aktienbewertung

Die meisten Versicherer bilanzieren nach den Vorschriften des Handelsgesetzbuches (HGB), wonach sie Verluste von im Anlagevermögen gehaltenen Aktien erst dann abschreiben, wenn die Wertminderung dauerhaft ist. »Dauerhaft« in diesem Sinne bedeutet, wenn der Börsenkurs der Aktie länger als sechs Monate und mehr als 10 % unter dem Buchwert liegt.
Demnach durften die Versicherer Aktien bisher mit maximal 10 % über dem Marktwert bilanzieren. Diese Grenze wurde von der BaFin jetzt – rückwirkend ab dem Jahr 2008 auf 20 % – angehoben. Die Finanzdienstleistungsaufsicht gibt sich zuversichtlich: *»Eine Beliebigkeit in der Bewertung darf es aber nicht geben.«* [306]

Fazit: Die Bundesanstalt für Finanzdienstleistungsaufsicht (BaFin) reagiert in meinen Augen während der gegenwärtigen Weltschuldenkrise völlig falsch. Anstatt den Endverbraucher, den Kunden, objektiv aufzuklären, verschleiert sie Tatsachen und beschönigt die öffentliche Darstellung der Versicherungsunternehmen. Mehr noch, sie gibt der Branche sogar noch mehr Freiraum bei der Bewertung ihrer Kapitalanlagen und hilft, deren Bilanzen zu entlasten. So soll wohl Panik bei den Versicherungskunden vermieden werden. Noch beteuert die *BaFin: »Die Abfragen haben bisher immer ergeben, dass die unmittelbaren Auswirkungen der Finanzkrise auf die deutsche Versicherungswirtschaft begrenzt sind.«* [307]

Doch angesichts der Weltschuldenkrise ist dieses Verhalten unverantwortlich: Gerade jetzt sollte sie genauer hinsehen und nicht beschwichtigen und auf das »Prinzip Hoffnung«, also alleine auf die schnelle Erholung des Kapitalmarktes, setzen. Ein altes Sprichwort sagt, »die Hoffnung ist der Tod des Kaufmannes«. Denn wenn der Kapitalmarkt weiter rote Zahlen schreibt, dann werden manche Versicherer ihre Kunden wohl nicht mehr auszahlen können.

Interview III: Peter Abrahams, Presse- und Öffentlichkeitsarbeit der Bundesanstalt für Finanzdienstleistungsaufsicht (BaFin) in Bonn

Michael Grandt: *Dr. Marco Metzler*, Fachbeirat beim DFSI Deutsches Finanz-Service Institut: *»Bereits Ende 2007 hatten rund 16 Lebensversicherer eine schwache Kapitalausstattung. Die Kapitalmärkte in 2008 haben sich extrem schlecht entwickelt, von daher ist auszugehen, dass rund 20 bis 25 Lebensversicherer auf der Kippe stehen.«* Ist das auch Ihre Ansicht?

BaFin: Wir teilen diese Ansicht nicht. Natürlich sind die Versicherer – nicht nur in Deutschland, sondern in ganz Europa – wichtige Investoren an den Finanzmärkten und unterliegen daher den indirekten Auswirkungen der Krise. Insofern können Versicherer nicht immun sein gegenüber den dramatischen Kapitalmarktverwerfungen. Und selbstverständlich sind nicht alle Versicherer gleich stark betroffen. Trotzdem erwarten wir, dass die deutsche Versicherungsbranche besser durch die Krise kommen wird als andere Finanzunternehmen in Europa. Denn ihre Geschäftspolitik und Anlagestrategie war und ist langfristig und konservativ ausgerichtet.

Michael Grandt: Bisher prüfte die BaFin, ob ein Versicherer noch bestehen kann, wenn der Aktienmarkt um 35 % einbricht. Jetzt wurde der Test modifiziert. Aktuell gilt ein Stress-Szenario von minus 16 %. *Dr. Thomas Steffen*, Exekutivdirektor der BaFin *»In fallenden Aktienmärkten wäre es falsch, den Stress beizubehalten oder sogar zu erhöhen. Das führt dazu, dass Versicherer sich wie Lemminge verhalten würden. Das heißt, in fallenden Aktienmärkten zusätzlich Aktien verkaufen. Das würde dann wiederum die Märkte zusätzlich belasten, das kann nicht im Sinne der Aufsicht sein.«* Sollte gerade in diesen Zeiten die Aufgabe der BaFin nicht darin bestehen, den Stresstest auszuweiten, anstatt nach unten zu modifizieren?

BaFin: Unsere Fortschreibung im Aktien-Szenario beruht auf einem breiten Konsens auf europäischer Ebene, prozyklisches Handeln in einer Finanzkrise zu vermeiden. Denn sinken die Aktienkurse, wäre es fatal, durch unverändert hohen Stress die Versicherer zu nötigen, ihrerseits Aktien in großem Stil zu verkaufen. Eine weitere Abwärtsspirale wäre die Folge. Unser regelbasiertes Vorgehen im Stresstest funktioniert nach beiden Seiten: Es bedeutet, dass bei steigenden Kursen der Stress zunimmt, und zwar deutlich über die bisherigen 35 % hinaus. Damit wird einem künftig höheren Rückschlagpotential Rechnung getragen. Sinken die Kurse, reduziert sich der Abschlag, da auch das weitere Rückschlagpotential abnimmt. Neben dem der BaFin einzureichenden standardisierten Stresstest müssen die Unternehmen unterjährig auch zusätzliche Tests durchführen, um ihre aktuelle Risikolage einschätzen zu können.

Michael Grandt: Die BaFin reagierte auf das andauernde Kursstakkato an den Märkten mit einer Aufweichung der Abschreibungsregel: Für 2008 wird die Grenze rückwirkend auf 20 % ausgeweitet. Bisher war dies nur mit 10 % möglich. Die Versicherer durften bisher schon Aktien, die sie langfristig im Bestand halten, mit Buchwerten bilanzieren, die über den tatsächlichen Kursen zum Bilanzstichtag liegen. Sie müssen die Differenz nicht voll abschreiben und verbessern somit ihre Gewinnlage zumindest auf dem Papier. Sie müssen jetzt also erst wertberichtigen, wenn der bilanzielle Buchwert eines Papiers seinen Marktwert um mehr als 20 % übersteigt. In der Vergangenheit waren davon vor allem Aktien betroffen.

Doch das ist in der Finanzkrise anders: Auch auf Anleihen, die den größten Teil der Kapitalanlagen der Versicherer ausmachen, trifft dies nun zu. Vor allem aber wurde in deutsche Anleihen angelegt. Das waren bisher sicher geglaubte Geldanlagen. 25 % des Kapitals der Versicherer werden zum Beispiel auch in Schuldscheindarlehen investiert. Das sind Gelder, die dann an mittelständische Unternehmen weitergereicht, oder über den Pfandbriefsektor (das sind Papiere, mit denen etwa Immobilien finanziert werden) oder auch für Kommunalkredite ausgegeben werden.

Durch die reine Bilanzkosmetik, die die BaFin nun zulässt, wird, langfristig gesehen, eine neue Geldblase entstehen, die, wenn sie dann platzt, einen katastrophalen Schaden anrichten kann. Stimmt diese Aussage und wurden die Abschreibungsregeln geändert, um die Versicherer zu schützen bzw. in der Öffentlichkeit besser dastehen zu lassen?

BaFin: Die Aufsicht kann keine Regeln zur Abschreibung aufweichen oder verschärfen. Die gesetzlich erlaubte Bilanzierungserleichterung des § 341b HGB gilt unverändert. Versicherer dürfen danach ihre Kapitalanlagen nach dem gemilderten Niederstwertprinzip ansetzen, wenn sich die Kapitalanlagen im Anlagevermögen befinden und der Versicherer bereit und fähig ist, diese Kapitalanlagen bis zur Endfälligkeit zu halten.

Die BaFin hat immer betont, dass es dadurch nicht zu einer Beliebigkeit in der Bewertung kommen darf. Um Interpretationsspielräume zu verkleinern, haben IDW und BaFin deshalb ein Qualitätssicherungsverfahren vereinbart. Der Wirtschaftsprüfer hat jede Abweichung vom Kurswert zu prüfen und zu testieren. In jedem Einzelfall einer Abweichung hat der Abschlussprüfer daher mit seinem Testat zu bestätigen, dass die gesetzliche Regelung des § 341b HGB eingehalten ist.

Wesentliche Abweichungen vom Börsenwert müssen dabei die Ausnahme bleiben. Um sicherzustellen, dass der § 341b HGB vergleichbar angewendet wird, vereinbarte die BaFin mit dem IDW ein Aufgreifkriterium von 20 %. Dieses Kriterium bedeutet, dass die Aufsicht bei Abweichungen von mehr als 20 % das Testat des Abschlussprüfers im Einzelfall kritisch hinterfragt. Die Anhebung des in 2003 angewendeten Aufgreifkriteriums von 10 % auf 20 % ist dabei den extremen Volatilitäten der Kapitalmärkte geschuldet.

Michael Grandt: *Dr. Carsten Zielke*, Managing Director der Société Générale in Frankfurt, hält das einseitige Engagement der Versicherer, hauptsächlich in deutsche Bankwerte zu investieren, für sehr riskant und bezweifelt deren absolute Sicherheit: *»Diese werden in den Bilanzen in der Regel mit 100 angesetzt. Tatsächlich haben wir heute aber einen sehr illiquiden Markt, es finden quasi keine Transaktionen statt, sodass der tatsächliche Marktwert nur zwischen 70 und 80 % liegen würde. Auch mit der Sorge, dass hier noch weitere Risiken auftauchen.«* Stimmt diese Aussage?

BaFin: Dass ein Vertreter der Bank Société Générale die Existenz absoluter Sicherheit bezweifelt, ist durchaus nachvollziehbar. Die zitierte Einschätzung teilen wir aber in der weitergehenden Form nicht. Die Finanzbeziehungen deutscher Versicherer mit deutschen Banken sind in der Tat traditionell eng. Sie sind sehr langfristig gewachsen und waren dabei immer Ausdruck konservativer Anlagepolitik. Im heutigen Umfeld profitieren sie von den wirksamen Stabilitätsmaßnahmen der Bundesregierung im Bankenbereich.[308]

2.12 Der Crash der Lebensversicherungen

Ob gesetzliche Rentenversicherung (GRV), Pensionen, Lebensversicherungen, Riester- und Rürup-Sparpläne, Rentenfonds, Versorgungswerke oder Betriebsrenten: Es gibt keine generell »sichere« Altersvorsorge mehr. Wie ich dargestellt habe, sind meiner Auffassung nach auch die angeblich so sicheren Lebensversicherungen nicht mehr sicher.

Aber trotz Weltwirtschafts- und Weltschuldenkrise wird die Assekuranz nicht müde, das Gegenteil zu behaupten. Das begründet sie hauptsächlich mit folgenden Argumenten, denen ich meine Erwiderung entgegenstelle:

- *»Versicherer sind langfristige Anleger, die die Bereitschaft und die Fähigkeit besitzen, ihre Kapitalanlagen bis zur Fälligkeit zu halten.«*

Gegenargument: Eine Erhöhung der Stornoquote hätte als Folge eine kurzfristige Auszahlung des Rückkaufswertes. Woher nehmen die Versicherungen dann dieses Geld, wenn es langfristig angelegt und ihre Liquidität sowieso schon angeschlagen ist (s. u.)?

- *»Versicherer haben regelmäßige Prämieneinnahmen, sodass sie keine Refinanzierungsprobleme haben.«*

Gegenargument: Experten erwarten den sprunghaften Anstieg der Arbeitslosigkeit. Dies hätte zur Folge, dass viele Policen wohl gekündigt oder zumindest beitragsfrei gestellt werden müssen. Die Prämieneinnahmen werden dann zwangsläufig sinken.

- *»Im Gegensatz zu ausländischen Konkurrenten dürfen deutsche Versicherer keine Bankgeschäfte betreiben.«*

Gegenargument: Das ist richtig, aber viele Versicherungen sind so mit den Banken verbunden (durch Anleihen, Darlehen, Pfandbriefe usw.), dass Schieflagen »ihrer« Banken gleichzeitig auch Auswirkungen auf die eigenen Kapitalanlagen haben werden.

- *»Produkte, die den Ausbruch der Krise in den USA verursacht haben, sind von den deutschen Versicherungsunternehmen weder im nennenswerten Umfang gekauft, noch garantiert oder versichert worden.«*

Gegenargument: Die Versicherer selbst haben sich mit toxischen Papieren zurückgehalten, das ist richtig. Allerdings nicht die Banken, von denen sie auch Anleihen und Pfandbriefe in ihren Büchern haben.

Die einzelnen »Problembanken« habe ich besprochen. Erinnern wir uns zudem: Im Jahresabschluss der *AIG* heißt es, dass *»europäische Finanzinstitute«* über Derivativgeschäfte Garantien in Höhe von 234 Milliarden Dollar bekommen haben. Die Euro-Banken haben einen Großteil von AIGs CDS-Kontrakten mit höchster Bonitätsstufe gekauft, die mittlerweile längst nicht mehr sicher sind. Und wenn AIG seine Finanzprodukte-Sparte sperrt oder gar doch insolvent wird, dann müssen sich Europas Banken auf lebensbedrohliche Milliarden-Abschreibungen gefasst machen.

- *»Versicherungen legen ihre Kapitalanlagen nach den von der Bundesanstalt für Finanzdienstleistungsaufsicht (BaFin) vorgegebenen Anlagegrundsätzen – Sicherheit, Rentabilität, Liquidität, Mischung und Streuung – an. Diese Vorschriften haben sich in der aktuellen Finanzmarktkrise bewährt.«*

Gegenargument: Darlehen an Kreditinstitute, Darlehen an Staaten, Pfandbriefe und Anleihen machen einen großen Teil (etwa zwei Drittel) der Kapitalanlagen der Versicherer aus. Aber Pfandbriefe, Bank- und sogar Staatsanleihen sind nicht mehr sicher, wie ich belegt habe. Die Lebensversicherer sind also am Risiko der Banken und der Staaten (aber dort weit weniger) direkt beteiligt. Beispiele: IKB, WestLB, SachsenLB, Düsseldorfer Hypothekenbank, HRE und welche kommenden noch? Zudem hat die BaFin ihre Regeln gegenüber den Versicherern massiv gelockert, um keine Panik an den Börsen auszulösen, was die objektive Sicht auf die Unternehmen wohl eher verschleiert und beschönigt.

- *»Darüber hinaus sind alle deutschen Lebensversicherer beim gesetzlichen Sicherungsfonds ›Protektor AG‹ Pflichtmitglied, sodass im Sicherungsfall* *jeder Lebensversicherungsvertrag gesetzlich geschützt ist. Für den Fall, dass ein deutsches Lebensversicherungsunternehmen in finanzielle Schieflage gerät und seine Geschäfte nicht fortführen kann, springt der gesetzliche Sicherungsfonds ein. Alle betroffenen Lebensversicherungsverträge werden dann auf die Protektor AG übertragen und von ihr fortgeführt. Die Erfüllung der Lebensversicherungsverträge und damit verbundene Garantieversprechen sind daher sicher.«*

Gegenargument: Die Auffanggesellschaft Protektor gewährt zunächst einmal Sicherheit bei der Pleite eines Versicherungsunternehmens. Sollten jedoch mehrere Unternehmen zeitgleich in die Insolvenz gehen, dann wäre die Auffanggesellschaft schnell überfordert. Erst bis Ende 2009 müssen die Versicherer die gesetzlich vorgeschriebenen 680 Millionen Euro in den Sicherungsfonds eingezahlt haben. Aber dieses Geld ist nur ein Tausendstel (!) aller Nettorückstellungen der Versicherer. Viel zu wenig also, um große Pleiten oder gar mehrere Insolvenzen aufzufangen.

- *»Die Bundesregierung hat den Willen erklärt, keine große Bank in Deutschland fallen zu lassen. Auch würden die Prämieneinnahmen nicht von heute auf morgen wegbrechen, weswegen die Versicherungsbranche von der gegenwärtigen Finanzkrise nur ›randständig berührt‹ ist.«*

Gegenargument: Der *GDV* hält die Kapitalanlagen der Versicherer in der Endkonsequenz also hauptsächlich für *»sicher«*, weil die Bundesregierung zugesagt hat, keine *»größere«* Bank *»fallen«* zu lassen. Wie oft haben Regierungen schon ihre Versprechen gebrochen? Und was passiert, wenn so viele Versicherungen und Banken zusammenbrechen, dass auch die Staatsgarantie nicht mehr eingehalten werden kann? Die Begründung des GDV widerspricht eigentlich jeder kaufmännischen Sorgfaltspflicht. Ein Grundsatz, den jeder Kaufmannslehrling schon im ersten Jahr lernt: Die Hoffnung ist der Tod des Kaufmannes. Jeder seriöse Betrieb und jedes seriöse Unternehmen muss auch einen »Worst-Case« einberechnen, also den schlimmsten Fall, der überhaupt eintreten kann. Die deutsche Assekuranz verzichtet darauf, weil die Bundesregierung halbseidene Versprechen abgegeben hat, die sie im Ernstfall in dieser Höhe niemals wird halten können.

- *»Festverzinsliche Anlagen und Papiere sind ›sicher‹.«*

Gegenargument bei

• Schuldscheindarlehen und Namensschuldverschreibungen:
»Der hohe Konzentrationsgrad in Schuldscheindarlehen und Namensschuldverschreibungen deutscher Banken stellt für uns ein erhebliches Investitionsrisiko dar«, sagt *Dr. Carsten Zielke*. Die Beinaheinsolvenz der Hypo-Real-Estate habe gezeigt, dass der deutsche Einlagensicherungsfonds keine Garantie bei einem Systemrisiko darstellt. *»Von daher halten wir es für falsch, Schuldscheine als gesicherte Papiere anzusehen.«*

• Pfandbriefen:
Die Grundschulden, die hinter den Pfandbriefen stehen, werden auf 60 % des festgestellten Immobilienwertes begrenzt. Dazu kommt noch ein Sicherheitsabschlag des Gutachters. Ausschlaggebend jedoch ist, wie hoch die tatsächlich erzielbaren Verkaufspreise von Gewerbeimmobilien oder Häusern/Wohnungen, die durch Pfandbriefe gesichert sind, wirklich sind. Selbst das Bundesfinanzministerium, allen voran *Peer Steinbrück*, sah die Notwendigkeit, den Pfandbriefmarkt zu *»stabilisieren«*.

• Bank- und Staatsanleihen:
Auch Staaten können pleitegehen, ganz zu schweigen von Banken. Deshalb sind deren Anleihen meiner Meinung nach nicht »sicher«. Deutsche Bankwerte werden in den Bilanzen in der Regel mit 100 angesetzt. Tatsächlich haben wir heute aber einen sehr illiquiden Markt, es finden keine Transaktionen statt, so dass der tatsächliche Marktwert nur zwischen 70 und 80 % liegen würde, meinen Experten.

Folgende »Risikomodule« müssen Versicherer bei ihren als »sicher« klassifizierten Kapitalanlagen (sprich dem Geld ihrer Kunden) also berücksichtigen:

- Kreditrisiko
- Spreadrisiko
- Immobilienrisiko
- Zinsänderungsrisiko
- Aktienpreisrisiko
- Währungsrisiko[309]

Als weitere Indizien dafür, dass ein Crash der Lebensversicherungen nicht auszuschließen ist, habe ich folgende Probleme der Assekuranz angeführt:

- Eine zu erwartende höhere Stornoquote aufgrund der steigenden Arbeitslosigkeit würde die Risikotragfähigkeit der Versicherer reduzieren und ein höheres Liquiditätsrisiko darstellen.
- Das Neugeschäft ist rückgängig, was zu weiteren Einnahmenverlusten bei den Versicherern führt.
- Es wird immer schwieriger, am Markt eine Rendite zu erwirtschaften, die den durchschnittlichen Garantiezins von 3,4 % übersteigt. Würde die Niedrigzinsphase lange andauern, hätten manche Versicherer ein Liquiditätsproblem. Die Hoffnung »wir erwarten keine lang anhaltende Niedrigzinsphase« kann ich so nicht teilen, denn die Versicherer legen ja mehr als 60 % ihrer Anlagen in festverzinslichen Papieren an, die ohnehin die niedrigste Rendite haben. Also würde sich hier eine Zinserhöhung (fast) nicht auswirken.
- Jetzt schon lösen Versicherer ihre Rücklagen auf, um die Verzinsung des Sparanteils zu gewährleisten.
- Stille Lasten sind erstmalig höher als die »stillen Reserven«, was die Risikotragfähigkeit weiter verschlechtert.
- Das Risikokapital der Lebensversicherer ist in zwei Jahren um 63 % geschrumpft.
- Der Großteil der als »sicher« eingestuften Kapitalanlagen der Versicherer ist mit dem Risiko der Banken verbunden.

- Eine Studie der DFSI enthüllte, dass bis zu 25 Lebensversicherer aufgrund ihrer schlechten Kapitaladäquanz (Adressatenausfallrisiko) auf der »Kippe« stehen können.
- Schon in der Vergangenheit machten die Lebensversicherer Milliarden Verluste, die kompensiert werden müssen.

Aufgrund meiner Ausführungen rechne ich damit, dass ein Crash der Lebensversicherungen mittel- bis langfristig bevorsteht. Damit will ich keine Panik verbreiten. Meine Aussage ist lediglich die logische Schlussfolgerung aus den beschriebenen Schwierigkeiten, in denen sich die Versicherer befinden, allen voran die Unsicherheiten in ihren Kapitalanlagen, die seither als »sicher« eingestuft wurden.

2.13 Ausblick

Die Branche selbst gibt sich zwar nach außen hin optimistisch, aber nach einer Umfrage der Unternehmensberatung PricewaterhouseCoopers (PwC) im Frühjahr 2009 unter 400 Versicherungsmanagern in Europa glauben nur 4 % der Insider, dass die Versicherungswirtschaft gut auf die kommenden Herausforderungen der Finanzkrise vorbereitet ist. Im Jahr 2007 waren noch 21 % optimistisch gewesen.[310]

Die Lebensversicherungsbranche befindet sich also, entgegen allen Beteuerungen, auch weiterhin in einer sehr schwierigen Phase, da die Kapitalanlagen eingebrochen sind. Prognose ungewiss.

Dr. Carsten Zielke von der Société Générale: »*Wir sehen die Zukunft der Lebensversicherung in Europa mit einiger Sorge … Viele Garantien (machen) die private Altersvorsorge für den Durchschnittsbürger zu teuer. Bei einer 3 %igen jährlichen Rendite, müsste ein 35-Jähriger ca. 20 % seines verfügbaren Einkommens ansparen, um seinen Lebensstandard zu sichern. Das entspricht dem Doppelten der aktuellen Sparquote. Dies wäre eine Katastrophe für den Konsum in Europa.*«[311]

Es stellt sich jedoch noch eine andere, grundlegende Frage: Ist eine Lebensversicherung überhaupt noch attraktiv für einen Sparer (abgesehen vom Todesfallschutz)? Ich sage: Nein.

Begründung: Der Garantiezins beläuft sich gegenwärtig auf 2,25 %. Die Überschussanteile sind nicht garantiert. Die Rendite betrug im Jahr 2008 durchschnittlich 3,6 %. Wir hatten aber in den letzten Jahren eine durchschnittliche Inflationsrate von rund 2 %.[312] Bei Auszahlungen aus den Lebensversicherungspolicen müssen rund 28 % Abgeltungsteuer (inkl. Solidaritätszuschlag und Kirchensteuer) auf den Gesamtbetrag bezahlt werden. Wenn die Versicherung länger als 12 Jahre läuft und nach dem 60. Lebensjahr zur Auszahlung kommt, muss »nur« die Hälfte versteuert werden, und das zum individuellen Steuersatz.

Berücksichtigt man also die schmale Rendite, die Inflation und die steuerlichen Abgaben, lohnt sich – in meinen Augen – eine Lebensversicherung als Kapitalanlage allemal nicht mehr. Das jedoch obliegt der Entscheidung jedes Einzelnen.

Dank

Großer Dank gebührt an erster Stelle, wie immer, meiner Frau, die mir wieder einmal den Rücken freigehalten hat.

Auch meinem Verleger, Herrn Jochen Kopp, möchte ich für eine hervorragende Zusammenarbeit danken und dass er meinen oft unkonventionellen Ideen auf rasche und unkomplizierte Weise eine Chance gibt. So einen Verleger wünscht sich wohl jeder Autor.

Zu großem Dank bin ich darüber hinaus Dr. Carsten Zielke, Managing Director und Senior Insurance ALM Analyst der Société Générale, verpflichtet, der mir seine Studie »Vor dem Sturm« zur Verfügung stellte und mir die Erlaubnis erteilte, das Zahlenmaterial daraus zu verwenden. Auch für seine Geduld bei meinen Befragungen und seiner hilfsbereiten Kollegin Elke Pawellek, Head of Communication der SG CIB Communication Germany, möchte ich danken.

Herrn Dr. Marco Metzler, Fachbeirat beim DFSI (Deutsches Finanz-Service Institut) danke ich für den Austausch von E-Mails und der zügigen Beantwortung meiner vielen Fragen, die viel zu meinem Verständnis der häufig komplizierten Materie beigetragen haben.

Frau Stephanie Strauß, Pressereferentin vom Gesamtverband der Deutschen Versicherungswirtschaft e. V. (GDV), danke ich für die rasche Bearbeitung meiner Interviews und die stets kompetente Bereitschaft, mir mit vielfältigem Zahlenmaterial weiterzuhelfen. Ich hoffe, sie nimmt mir meinen Standpunkt, den ich in diesem Buch eingenommen habe, nicht übel.

Ebenso umfangreich hat mir Herr Peter Abrahams, Pressereferent/Versicherungsaufsicht der Bundesanstalt für Finanzdienstleistungsaufsicht (BaFin), geantwortet. Dafür besten Dank, auch wenn ich nicht immer seiner Meinung bin.

Zum Schluss möchte ich noch all jenen, mir persönlich bekannten, Versicherungsagenten und Bankern danken, die mir davon abgeraten haben, dieses Buch zu schreiben, weil die Branche »in Verruf« kommen und die Menschen »aufgehetzt« werden würden. Ihr für mich unverständlicher Standpunkt, bestimmte Fakten zu »verschweigen«, hat mich erst recht angespornt.

Anmerkungen

1 Die Fed besteht aus dem »Board of Governors«, das sich aus zwölf regionalen Federal Reserve Banks und einer Vielzahl von Mitgliedsbanken und anderer Institutionen zusammensetzt. Die Mitgliedsbanken sind gleichzeitig auch die Eigentümer der Fe-deral Reserve. Sie halten selbst die Lizenz zum Gelddrucken und entscheiden über die Höhe der Zinssätze. Das ist durchaus problematisch, da die US-Notenbank dem-nach also in privater Hand ist und der Staat nur geringen Einfluss auf sie ausüben kann. Zur Kritik an der Fed und ihrer zweifelhaften Gründung im Jahre 1913 mehr bei: G. Edward Griffin: Die Kreatur von Jekyll Island, Rottenburg 2006, und Ellen Hodgson Brown: Der Dollar-Crash, Rottenburg 2008

2 Greenspan wird auch »Mr. Bubble« genannt, weil er von Kritikern für die Entstehung der Finanzblasen verantwortlich gemacht wird, vgl.: William Fleckenstein/Fred Sheehan: Greenspans Bubbles: The Age of Recklessness at the Federal Reserve, New York 2008

3 DER SPIEGEL 20/2009, S. 106

4 William Engdahl: USA: Immobilienkonkurse – die nächste Runde hat begonnen, in: KOPP-EXKLUSIV 22/09, S. 3 f.

5 Financial Times v. 10.12.2002

6 Alexander Dill: Der große Raubzug, München 2009, S. 75

7 Deutsche Bank Payday Burgeons on Subprime Trading Bet, Bloomberg, 30.7.2007

8 William Engdahl: USA: Immobilienkonkurse – die nächste Runde hat begonnen, in: KOPP-EXKLUSIV 22/09, S. 3 f.

9 WELT AM SONNTAG v. 31.5.2009

10 DER SPIEGEL 5/2009, S. 52

11 DER SPIEGEL 17/2009, S. 72

12 Stand: Februar 2009, vgl.: Irgendwann ist Zahltag, in: DER SPIEGEL 5/2009, S. 51

13 Zahlen aus: Gefährlicher Einsatz, in: DER SPIEGEL 10/2009, S. 74

14 Eine Holding für die Landesbanken, in: DER SPIEGEL 18/2009, S. 19

15 DER SPIEGEL 17/2009, S. 72

16 Der Tagesspiegel v. 25.1.2009 (http://www.tagesspiegel.de/wirtschaft/Finanzkrise;art271,2714622)

17 Zit. nach: Gefährlicher Einsatz, in: DER SPIEGEL 10/2009, S. 75

18 Ebd.

19 WestLB weist Berichte über drohende Schließung zurück, in: WELT AM SONNTAG v. 24.5.2009

20 Milliarden reichen nicht, in: DER SPIEGEL 25/2009, S. 69

21 Dill, S. 42 ff, 47

22 Dill, S. 33

23 Dill, S. 9 ff.

24 DER SPIEGEL 14/2009, S. 53

25 Ende der Demut, in: DER SPIEGEL 25/2009, S. 78

26 DER SPIEGEL 17/2009, S. 73

27 Das geht aus einer Studie der Finanzexperten Manju Puri, Jörg Rocholl und Sascha Steffen im Zeitraum August 2007 und Juli 2008 hervor. (DER SPIEGEL 23/2009, S. 60)

28 Langsamer bergab, in: DER SPIEGEL 25/2009, S. 74

29 DER SPIEGEL 23/2009, S. 60

30 Die Bürgschaft des Staates gegenüber den Banken wird erst dann zu einer Haushaltsbelastung, wenn eine Bank tatsächlich insolvent geht. Dann muss der Fiskus eingreifen. In welchem Ausmaß das sein könnte, ist nur zu erahnen, aber die Milliarden an die HRE geben einen Vorgeschmack darauf.

31 Die Drecksbank, in: http://www.stern.de/wirtschaft/finanzen-versicherung/finanzen/:Hypo-Real-Estate-Die-Drecksbank/654302.html vom 10.2.2009

32 Bund hofft auf Durchbruch bei der HRE (http://www.spiegel.de/wirtschaft/0,1518,622884,00.html v. 6.5.09)

33 DER SPIEGEL 20/2009, S. 64

34 Ebd.

35 Private Altersvorsorge am Ende? Monitor v. 6.4.2009, Sendemanuskript unter: http://www.wdr.de/tv/monitor//sendungen/2009/0402/altersvorsorge.php5

36 Ebd.

37 Wenn die Bank in Insolvenz ginge ..., in: Plusminus am 17.3.2009 (http://www.daserste.de/plusminus/beitrag_dyn~uid,mwmaeml4tsxwjuaa~cm.asp)

38 Ebd.

39 http://www.welt.de/die-welt/article3698377/Staat-greift-sich-die-Hypo-Real-Estate.html

40 http://www.wallstreet-online.de/nachrichten/nachricht/2750170.html

41 Die BaFin lässt per Staatsanwaltschaft klären, wie das Papier an die Öffentlichkeit gelangt ist, da der Verdacht auf Verstoß gegen die gesetzliche Verschwiegenheitspflicht bestehen würde.

42 Pikanterweise listete Wikipedia (http://wikipedia.org/wiki/BaFin-Liste) neun der Banken und ihre Milliarden-Risiken auf, der Artikel wurde jedoch am 4.5.2009 aus mir nicht bekannten Gründen gelöscht, liegt mir jedoch als Ausdruck vor.

43 WELT AM SONNTAG v. 26.4.2009

44 http://kurse.focus.de/news/BMF-BaFin-Liste-sagt-nichts-zu_id_news_103990848.html?ID

45 WELT AM SONNTAG v. 26.4.2009

46 Gerechnet nach dem Marktwert dieses Monats; im Vergleich zum Vorjahr waren es sogar 31 Billionen Dollar, vgl. F. William Engdahl: Diese globale Krise hat erst begonnen (http://info.kopp-verlag.de/news/diese-globale-krise-hat-erst-begonnen.html)

47 Letzte verfügbare Daten, Quelle: IWF

48 DER SPIEGEL 18/2009, S. 42

49 Thomson Financial Datastream sowie DER SPIEGEL 14/2009

50 Letzte verfügbare Daten vom November 2008, Quelle: IWF und DER SPIEGEL 14/2009

51 DER SPIEGEL 5/2009, S. 55

52 Zahlen aus: Land der Illusionen, in DER SPIEGEL 19/2009, S. 30

53 Langsamer bergab, in: DER SPIEGEL 25/2009, S. 74

54 Des Bruttoinlandsprodukts (BIP): Das Bruttoinlandsprodukt gibt den Gesamtwert aller Güter (damit sind alle Waren und Dienstleistungen gemeint) an, die innerhalb eines Jahres innerhalb der Landesgrenzen einer Volkswirtschaft hergestellt werden.

55 Staatsdefizit in Prozent des BIP, vgl. DER SPIEGEL 18/2009, S. 42

56 DER SPIEGEL 19/2009, S. 75

57 DER SPIEGEL 20/2009, S. 101

58 Zit. nach: Gipfel am Abgrund, in: DER SPIEGEL 5/2009, S. 51

59 Zit. nach: Lob der Gier, in: DER SPIEGEL 20/2009

60 Christoph Hasselbach: Wie reagieren Europas Gewerkschaften auf die Krise? (http://www.dw-world.de) v. 14.5.2009

61 WELT AM SONNTAG Nr. 19 v. 10.5.2009, S. 40

62 Ileana Grabitz: Die Angst vor dem sozialen Abstieg, in: WELT AM SONNTAG v. 10.5.2009, S. 40

63 DER SPIEGEL 5/2009, S. 50

64 Michael Grandt: Europa-Crash: Erster EU-Mitgliedsstaat stand kurz vor dem Bankrott (http://info.kopp-verlag.de/news/europa-crash-erster-eu-mitgliedsstaat-stand-kurz-vor-dem-bankrott.html)

65 Michael Grandt: Enthüllt: IWF-Notfall-Kreditprogramme für (fast) bankrotte Staaten (http://info.kopp-verlag.de/news/enthuellt-iwf-notfall-kreditprogramme-fuer-fast-bankrotte-staaten.html)

66 Michael Grandt: Da waren es schon drei: Rumänien ist als nächster EU-Staat bankrott (http://info.kopp-verlag.de/news/da-waren-es-schon-drei-rumaenien-ist-als-naechster-eu-staat-bankrott.html)

67 Martin Weiss: Die nächste Phase der Schuldenkrise: Das Staatsanleihen-Fiasko (http://www.goldseiten.de/content/diverses/artikel.php?storyid=10500) v. 9.5.2009

68 DER SPIEGEL 5/2009, S. 53

69 Michael Grandt: Da waren es schon drei: Rumänien ist als nächster EU-Staat bankrott (http://info.kopp-verlag.de/news/da-waren-es-schon-drei-rumaenien-ist-als-naechster-eu-staat-bankrott.html)

70 http://www.faz.net/s/Rub09A305833E12405A808EF01024D15375/Doc~EB823B4294E964AACAEFC37308D8794BB~ATpl~Ecommon~Scontent.html v. 17.4.2009

71 Quelle: Thomson Financial Datastream, Stand 22.1.2009; Welt am Sonntag, Stand: 12.6.2009

72 F. William Engdahl: Diese globale Krise hat erst begonnen (http://info.kopp-verlag.de/news/diese-globale-krise-hat-erst-begonnen.html)

73 Michael Grandt: Zweiter US-Bundesstaat zahlungsunfähig (http://info.kopp-verlag.de/news/zweiter-us-bundesstaat-zahlungsunfaehig.html)

74 DER SPIEGEL 5/2009, S. 53

75 Dill, S. 87

76 Zit. nach: Lob der Gier, in: DER SPIEGEL 20/2009, S. 100

77 Martin Weiss: Die nächste Phase der Schuldenkrise: Das Staatsanleihen-Fiasko (http://www.goldseiten.de/content/diverses/artikel.php?storyid=10500) v. 9.5.2009

78 Dill, S. 88

79 Martin Weiss: Die nächste Phase der Schuldenkrise: Das Staatsanleihen-Fiasko (http://www.goldseiten.de/content/diverses/artikel.php?storyid=10500) v. 9.5.2009, S. 1 f.

80 Dill, S. 79

81 http://www.deutsche-bank.de/presse/de/content/presse_informationen_2009_4366.htm v. 5.9.2009

82 Aus den USA, Großbritannien, Frankreich, den Niederlanden, Schweden und der Schweiz; in Deutschland fungieren die Deutsche Bank, Commerzbank, Dresdner Bank und Postbank als »Strukturvertrieb« für deutsche Staatsanleihen. (Vgl. Dill, S. 96 und 216)

83 KOPP-Exklusiv 18/09, S. 8

84 DER SPIEGEL 5/2009, S. 51

85 Drucksache 16/12233 v. 12.3.2009

86 Drucksache 16/12233 v. 12.3.2009; Dokumentations- und Informationssystem für Parlamentarische Vorgänge (DIP) sowie Udo Ulfkotte: Parteien planen Miet-, Arzt- und Portosteuer sowie Erhöhung der Mehrwertsteuer, in: KOPP-EXKLUSIV 22/09, S. 1 f.

87 DER SPIEGEL 14/2009, S. 48

88 Ebd., S. 53

89 Ebd., S. 54

90 Ebd., S. 56

91 Interview in: DER SPIEGEL 23/2009, S. 68 ff.

92 Ebd.

93 Ebd.

94 Interview in: DER SPIEGEL 23/2009, S. 68 ff.

95 Ebd.

96 Ebd.

97 Einfach erklärt: Zu viel Angebot ergibt eine Inflation, zu viel Nachfrage eine Deflation.

98 Zit. nach: Lob der Gier, in: DER SPIEGEL 20/2009, S. 102

99 Um 150 Milliarden Euro

100 Quelle: BVI und WELT AM SONNTAG v. 17.5.2009, S. 53

101 Gebuchte Brutto-Beiträge ohne Beiträge aus der Rückstellung für Beitragsrückerstattung inkl. Pensionskassen und Pensionsfonds.

102 Einschl. Nebenleistungen, aber ohne die aus der Rückstellung für erfolgsabhängige Beitragsrückerstattung (RfB) entnommenen Beiträge

103 Deutsches Direktgeschäft inkl. Schutzbriefversicherung; ohne Luftfahrt-, Nuklear- und Vermögensschadenhaftpflichtversicherung

104 Kfz-Haftpflicht, Vollkasko, Teilkasko, Insassen-Unfall

105 Transport inkl. Verkehrshaftung und Sonderzweige

106 Die Daten vom Gesamtverband der deutschen Versicherungswirtschaft e. V. (GDV), Fr. Strauß, per Mail am 7. 5. 2009 an den Autor

107 Ebd.

108 GDV: Beitragseinnahmen der Versicherungswirtschaft (Gebuchte Brutto-Beitragseinnahmen deutsches Direktgeschäft) und Leistungen der Versicherungswirtschaft (Versicherungsleistungen der Erstversicherer im GDV), davon Sparte Lebensversicherung; inkl. Pensionskassen; Hochrechnung auf Datengrundlage von Meldungen bis Dezember 2008

109 Davon etwa 70 Millionen kapitalbildende Policen

110 Vgl.: http://www.map-report.de/ und Jan. W. Schäfer/Martin Wohlrabe: Lohnt sich eine Lebensversicherung noch? (http://www.bild.de/BILD/ratgeber/geld-karriere/2009/04/06/lebensversicherung/schlechte-verzinsung-sinkende-rendite.html)

111 Quelle ist Map-Report und http://www.bild.de/BILD/ratgeber/geld-karriere/2009/04/06/lebensversicherung/schlechte-verzinsung-sinkende-rendite.html; alle Beträge in Euro. Die Angaben gelten für einen Mann, der 30 Jahre lang monatlich 100 Euro in die Lebensversicherung gezahlt hat (»Ablaufleistung«). *Beispielrechnung, wenn bei Neuabschluss aktuelle Verzinsung zugrunde gelegt wird.

112 http://www.focus.de/finanzen/versicherungen/lebensversicherung/tid-13143/kapitallebens-und-rentenversicherungen-die-rendite-schmilzt-dahin_aid_363252.html

113 Ebd.

114 http://www.manager-magazin.de/geld/geldanlage/0,2828,616358-4,00.html

115 http://www.focus.de/finanzen/versicherungen/lebensversicherung/tid-13143/kapitallebens-und-rentenversicherungen-die-rendite-schmilzt-dahin_aid_363252.html

116 http://www.focus.de/finanzen/versicherungen/lebensversicherung/tid-13143/kapitallebens-und-rentenversicherungen-die-rendite-schmilzt-dahin_aid_363252.html

117 http://www.focus.de/finanzen/versicherungen/lebensversicherung/tid-13143/kapitallebens-und-rentenversicherungen-die-rendite-schmilzt-dahin_aid_363252.html

118 Map-Report 2009 (http://www.manager-magazin.de/geld/geldanlage/0,2828,6163584,00.html)

119 Map-Report 2009 (http://www.manager-magazin.de/geld/geldanlage/0,2828,6163584,00.html)

120 Lutz Reiche: Das ist ein fatales Zeichen in: http://www.manager-magazin.de/geld/artikel/0,2828,615652-2,00.html

121 Ebd.

122 Ebd.

123 http://www.baufinanzierung-bemu.de/artikel/tilgung-ueber-lebensversicherung.html

124 Mir selbst sind mehrere solcher Fälle bekannt.

125 http://www.wdr.de/tv/ardrecht/sendungen/2004/august/040822_04.phtml

126 http://www.forium.de/redaktion/kredite-tilgung-mit-kapital-lebensversicherung

127 Genaue Berechnungen auf: http://www.2009-abgeltungsteuer.de/wieviel-abgeltungsteuer.html

128 Ausführlicher auf: http://www.abgeltungsteuer-ratgeber.de/freibetrag.html

129 http://www.versicherung-in.de/krankenkassenbeitrag-direktversicherung-20070527-0-944

130 http://www.versicherungsjournal.de/mehr.php?Nummer=100250&von=09.10.2000&bis=15.06.2009&Rubrik=alle&Autorsuche=alle&suchbegriff=zielke&anzahl=0

131 Lutz Reiche: Erst die Banken, dann die Versicherer? (http://www.manager-maga-zin.de/geld/artikel/0,2828,611037,00.html)

132 Alexander Dill: Der große Raubzug, München 2009, S. 128

133 Ebd., S. 205

134 Deutscher Bundestag, PuK 2 – Parlamentskorrespondenz: hib-Meldung185/2009 Datum: 17. 6. 2009 (http://www.bundestag.de/aktuell/hib/2009/2009_185/01.html)

135 http://www.wiwo.de/politik/bundestag-beschliesst-rentenschutzklausel-400700

136 Zahlen des Statistischen Bundesamtes, Versorgungsempfänger des öffentlichen Dienstes 2008

137 Alexander Dill: Der große Raubzug, München 2009, S. 201 f.

138 Oswald Metzger: Einspruch!, München 2004, S. 192

139 Stefan Ruhkamp: Ist die Altersvorsorge in Gefahr? (http://www.faz.net/s/Rub48D1CBFB8D984684AF5F46CE28AC585D/Doc~EAA1FE9188C134F20A04BBD9C8AD95504~ATpl~Ecommon~Scontent.html)

140 Inklusive »Wohn-Riester«, Stand: 31. 12. 2008 (http://www.bmas.de/coremedia/generator/31604/2009_03_09_riesterrente_trotzt_krise.html)

141 http://www.focus.de/finanzen/altersvorsorge/vorsorge-viele-lehnen-riester-rente-ab_aid_409052.html

142 Sehr viel detaillierter in: Alexander Dill: Der große Raubzug, München 2009, S. 68 f.

143 http://www.zeit.de/online/2009/14/finanztest-rentenfonds?page=2

144 http://www.zeit.de/online/2009/14/finanztest-rentenfonds?page=2

145 Stefan Ruhkamp: Ist die Altersvorsorge in Gefahr? (http://www.faz.net/s/Rub48D1CBFB8D984684AF5F46CE28AC585D/Doc~EAA1FE9188C134F20A04BBD9C8AD95504~ATpl~Ecommon~Scontent.html)

146 Stefan Ruhkamp: Ist die Altersvorsorge in Gefahr? (http://www.faz.net/s/Rub48D1CBFB8D984684AF5F46CE28AC585D/Doc~EAA1FE9188C134F20A04BBD9C8AD95504~ATpl~Ecommon~Scontent.html)

147 Das geht aus internen Schätzungen der auf Pensionen spezialisierten Frankfurter Unternehmensberatung Towers Perrin sowie der Arbeitgeberverbände hervor. (http://www.rp-online.de/public/article/wirtschaft/news/719048/Finanzkrise-reisst-Loecher-in-Pensionskassen.html)

148 http://www.rp-online.de/public/article/wirtschaft/news/719048/Finanzkrise-reisst-Loecher-in-Pensionskassen.html

149 Michael Bröcker: Finanzkrise reißt Löcher in die Pensionskassen, auf: RP online 11. 6. 2009 (http://www.rp-online.de/public/article/wirtschaft/news/719048/Finanzkrise-reisst-Loecher-in-Pensionskassen.html)

150 http://www.manager-magazin.de/magazin/artikel/0,2828,621376,00.html

151 http://www.postbank.de/-snm-0184330278-1244785584-0535500007-0000000370-1244787186-enm-privatkunden/et_pp_altersvorsorgekonto.html;jsessionid=F3FD47420E2CF2C4B084E967E454E32EFA42.f091

152 Ebd.

153 Aus: Finanztest 5/2009 (http://www.test.de/themen/geldanlage-banken/meldung/Postbank/1770641/1770641/?sid=wg5iauf2uqtyqhydffwqibmz)

154 http://www.dasinvestment.com/investments/news/news-detail/datum/2009/03/23/postbank-altersvorsorge-konto-in-gefahr/

155 Ebd.

156 ARD, Sendung Monitor v. 2. 4. 2009 (http://www.wdr.de/tv/monitor//sendungen/2009/0402/altersvorsorge.php5)

157 http://www.manager-magazin.de/geld/artikel/0,2828,611037,00.html

158 Dr. Wolfgang Weiler: Arbeitskreis 2: Auswirkungen der Finanzmarktkrise auf die Versicherungen, Pressekolloquium am 25.03.2009; das Papier wurde mir freundlicherweise von der Presseabteilung des GDV, Frau Stephanie Strauß, am 8. 5. 2009 zur Verfügung gestellt.

159 Ebd.

160 Dr. Wolfgang Weiler: Arbeitskreis 2: Auswirkungen der Finanzmarktkrise auf die Versicherungen, Pressekolloquium am 25. 3. 2009

161 http://www.gdv.de/Themen/Aktuell/inhaltsseite22984.html

162 http://www.zeit.de/2009/08/AIG

163 http://www.finanznachrichten.de/nachrichten-2009-03/13247771-aig-verliert-2008-fast-100-milliarden-dollar-62-davon-im-vierten-quartal-016.htm

164 http://www.manager-magazin.de/unternehmen/artikel/0,2828,610781,00.html

165 http://www.wiwo.de/unternehmer-maerkte/der-boni-skandal-bei-aig-lenkt-von-den-echten-problemen-ab-391309/

166 http://www.wiwo.de/unternehmer-maerkte/aig-milliarden-an-die-deutsche-bank-nur-eine-anzahlung-391031/2/

167 Stockendes Herz, in: DER SPIEGEL 10/2009, S. 79

168 http://www.wiwo.de/unternehmer-maerkte/europas-banken-zittern-vor-der-namens-liste-des-aig-konzerns-389939/

169 http://www.wiwo.de/unternehmer-maerkte/aig-milliarden-an-die-deutsche-bank-nur-eine-anzahlung-391031/

170 http://boersenlexikon.faz.net/derivate.htm

171 http://www.wiwo.de/unternehmer-maerkte/aig-milliarden-an-die-deutsche-bank-nur-eine-anzahlung-391031/

172 http://www.wiwo.de/unternehmer-maerkte/europas-banken-zittern-vor-der-namensliste-des-aig-konzerns-389939/

173 http://www.wiwo.de/unternehmer-maerkte/welche-banken-staats-milliarden-von-aig-erhalten-haben-391593/

174 Vgl.: DER SPIEGEL 9/2009

175 Stockendes Herz, in: DER SPIEGEL 10/2009, S. 79

176 Stockendes Herz, in: DER SPIEGEL 10/2009, S. 79

177 Stockendes Herz, in: DER SPIEGEL 10/2009, S. 79

178 International Swaps and Derivatives Association (ISDA): http://www.isda.org/

179 http://www.wiwo.de/unternehmer-maerkte/europas-banken-zittern-vor-der-namens-liste-des-aig-konzerns-389939/

180 http://www.wiwo.de/unternehmer-maerkte/der-boni-skandal-bei-aig-lenkt-von-den-echten-problemen-ab-391309/2/

181 http://www.wiwo.de/unternehmer-maerkte/aig-milliarden-an-die-deutsche-bank-nur-eine-anzahlung-391031/2/

182 http://www.handelsblatt.com/unternehmen/banken-versicherungen/aig-zerlegt-sich-selbst/2251204; DER SPIEGEL 25/2009, S. 78

183 http://www.welt.de/print-wams/article97904/Versicherungen_Nur_Stress_mit_den_Tests.html

184 http://www.manager-magazin.de/geld/artikel/0,2828,253465-2,00.html

185 http://www.welt.de/print-welt/article242798/Auslese_muss_sein.html v. 27.06.2003

186 http://www.ndr.de/ndr/wirtschaft/meldung.phtml?id=76509&line=ECOLINE

187 http://www.test.de/themen/versicherung-vorsorge/meldung/-Mannheimer-Pleite-Protektor-AG-unter-Untreue-Verdacht/1164170/1164170/

188 Herbert Fromme: Bayerische Beamtenversicherung in Not, Financial Times Deutschland (http://www.ftd.de/unternehmen/versicherungen/:Teure-Beteiligung-Bayerische-Beamten-versicherung-in-Not/488265.html); http://www.focus.de/finanzen/versicherungen/lebensversicherung/lebensversicherung-kritischer-blick_aid_389777.html

189 Ebd.

190 http://www.all4finance.de/index.php;do=show/site=vm/sid=1297485084a3769ebc9992674918573/alloc=195/id=11815

191 http://www.aareal-bank.com/

192 http://www.dasinvestment.com/investments/versicherungen/news/datum/2009/03/17/finanzkrise-hat-erstes-versicherungsopfer/

193 Herbert Fromme: Bayerische Beamtenversicherung in Not Financial Times Deutschland (http://www.ftd.de/unternehmen/versicherungen/:Teure-Beteiligung-Bayerische-Beamtenversicherung-in-Not/488265.html)

194 http://www.all4finance.de/index.php;do=show/site=vm/sid=1297485084a3769ebc9992674918573/alloc=195/id=11815

195 Ebd.

196 http://www.aareal-bank.com/investor-relations/aareal-bank-aktie/aktionaersstruktur/

197 http://www.heibel-ticker.de/archiv.php?standardID=180&start=0,Kapitel 05

198 Ebd.

199 Michael Grandt: Risiko Lebensversicherung – frisst die Finanzkrise jetzt auch noch unsere Altersvorsorge? (http://info.kopp-verlag.de/nc/news/risiko-lebensversicherung-frisst-die-finanzkrise-jetzt-auch-noch-unsere-altersvorsorge.html) und http://www.heibel-ticker.de/archiv.php?standardID=180&start=0, Kapitel 05

200 http://www.heibel-ticker.de/archiv.php?standardID=180&start=0, Kapitel 05

201 Ebd.

202 http://www.wiwo.de/finanzen/haben-lebensversicherer-die-ertraege-der-kunden-verzockt-400597/

203 Ebd.

204 Ebd.

205 Ebd.

206 Ebd.

207 Michael Grandt: Risiko Lebensversicherung – frisst die Finanzkrise jetzt auch noch unsere Altersvorsorge? (http://info.kopp-verlag.de/nc/news/risiko-lebensversicherung-frisst-die-finanzkrise-jetzt-auch-noch-unsere-altersvorsorge.html)

208 Die Krisen-Verschärfer, in: DER SPIEGEL 19/2009, S. 64

209 Die Krisen-Verschärfer, in: DER SPIEGEL 19/2009, S. 65

210 Die Krisen-Verschärfer, in: DER SPIEGEL 19/2009, S. 65

211 Dr. Oliver Everling: Konzentrische Kreise der Finanzkrise (http://www.everling.de/wordpress/?p=785);Fehlallokation = falsche Verteilung verfügbarer Ressourcen

212 Aus: Dr. Oliver Everling: Coface stellt sich der Ratingkontrolle (http://www.everling.de/wordpress/?p=796)

213 Beispiel: Im Januar 2009 vergaben Analysten Spanien eine schlechte Note, was sofortige Zinssteigerungen zur Folge hatte.

214 Memo 08/691, Brüssel 12. 11. 2008: http://europa.eu/rapid/pressReleasesAction.do?reference=MEMO/08/691&format=PDF&aged=0&language=DE&guiLanguage=fr

215 Die Krisen-Verschärfer, in: DER SPIEGEL 19/2009, S. 65

216 DER SPIEGEL 19/2009, S. 66

217 Aufstellung aus: DER SPIEGEL 19/2009, S. 65

218 Exakt 85,3 % (Stand: 31. 12. 2008), vgl.: Dr. Wolfgang Weiler: Arbeitskreis 2: Auswirkungen der Finanzmarktkrise auf die Versicherungen, Pressekolloquium am 25. 3. 2009

219 Quelle: GDV, BaFin (Archiv Grandt)

220 Diese Antwort ergibt eine Differenz von 0,5 % gegenüber den offiziellen Zahlen des GDV.

221 Mail v. 17. 6. 2009 von Fr. Strauß (GDV) an mich (Archiv Grandt)

222 Lutz Reiche: Das ist ein fatales Zeichen (http://www.manager-magazin.de/geld/artikel/0,2828,615652-2,00.html)

223 Dr. Carsten Zielke: Nach dem Sturm, Studie der Société Générale, Frankfurt/M. 2009, S. 5

224 Lutz Reiche: Erst die Banken, dann die Versicherer? (http://www.manager-magazin.de/geld/artikel/0,2828,611037,00.html)

225 Das Nachrangkapital kommt in der Bilanz einer Bank auf der Passivseite vor. Dieser Posten gehört zu den Verbindlichkeiten der Bank. (http://de.mimi.hu/finanz/nachrangkapital.html)

226 Zitiert aus: http://www.manager-magazin.de/geld/artikel/0,2828,611616-3,00.html

227 Aber nicht dem qualitativ als höherwertig geltenden Kernkapital

228 Vgl. dazu auch: http://www.manager-magazin.de/geld/artikel/0,2828,611616-3,00.html

229 Lutz Reiche: Erst die Banken, dann die Versicherer? (http://www.manager-magazin.de/geld/artikel/0,2828,611037,00.html)

230 Lutz Reiche: Erst die Banken, dann die Versicherer? (http://www.manager-magazin.de/geld/artikel/0,2828,611037,00.html)

231 Geschätzter Aktienanteil (direkt und über Fonds auf Buchwertbasis, ohne Berücksichtigung von Absicherungsinstrumenten), zum 31. 12. 2007 waren das noch 8,5 % (GDV: Kennzahlen zur Kapitalanlage der Lebensversicherer), Archiv Grandt

232 http://www.wirtschaftslexikon24.net/d/schuldschein-darlehen/schuldscheindarlehen.htm

233 http://www.wirtschaftslexikon24.net/d/namensschuldverschreibung/namensschuldverschreibung.htm

234 Dr. Carsten Zielke: Nach dem Sturm, Studie der Société Générale, Frankfurt/M. 2009, S. 6 f.

235 http://boersenlexikon.faz.net/spread.htm

236 http://www.finanzratgeber-kirch.de/2009/04/30/ergo-lebensversicherer-machen-bewertungsreserven-fuer-kunden-transparenter/

237 http://www.versicherungsnetz.de/Onlinelexikon/Stille-Lasten.html

238 Dr. Wolfgang Weiler: Arbeitskreis 2: Auswirkungen der Finanzmarktkrise auf die Versicherungen, Pressekolloquium am 25. 3. 2009

239 http://www.anleger-lexikon.de/wissen/pfandbrief.php

240 Dr. Wolfgang Weiler: Arbeitskreis 2: Auswirkungen der Finanzmarktkrise auf die Versicherungen, Pressekolloquium am 25. 3. 2009

241 DER SPIEGEL 20/2009, S. 64

242 Thomas Hammer: Trügerische Sicherheit (http://www.zeit.de/online/2008/18/querdax-pfandbriefe-duesselhypo; 25. 4. 2008)

243 Jörg Asmussen: Der Pfandbrief – eine Stütze des deutschen Finanzsystems http://www.hypverband.de/d/internet.nsf/0/65DC32D22B2125E9C12575BC0059C3B2/$FILE/2008_IF23_13_14_Asmussen.pdf

244 Ebd.

245 Ebd.

246 Stand 9. 6. 2009

247 Dr. Claus Bräutigam: Solvency II Kapitalanforderungen des Marktrisikos im Stresstest der Finanzkrise, in: Dr. Carsten Zielke: Nach dem Sturm, Studie der Société Générale, Frankfurt/M. 2009, S. 29

248 http://www.daserste.de/plusminus/beitrag_dyn~uid,9aah5grlimvsm6h8~cm.asp, Sendung v. 17.3.2009

249 Lutz Reiche: »Kollaps der Rentenmärkte möglich« (http://www.manager-magazin.de/geld/artikel/0,2828,604487-3,00.html)

250 http://www.daserste.de/plusminus/beitrag_dyn~uid,9aah5grlimvsm6h8~cm.asp, Sendung v. 17. 3. 2009

251 Dr. Carsten Zielke: Nach dem Sturm, Studie der Société Générale, Frankfurt/M. 2009, S. 11

252 Dennis Kremer: Nur Hessen glänzt im Stresstest (http://www.boerse-online.de/zinsen/aktuell/:Bundesl%E4nderanleihen:Nur-Hessen-gl%E4nzt-im-Stresstest/509542.html)

253 Ebd.

254 Ebd.

255 Dr. Carsten Zielke: Nach dem Sturm, Studie der Société Générale, Frankfurt/M. 2009, S. 7

256 Ebd.

257 Dr.Carsten Zielke: Nach dem Sturm, Studie der Société Générale, Frankfurt/M. 2009, S. 7 f.; Lutz Reiche: Erst die Banken, dann die Versicherer? (http://www.manager-magazin.de/geld/artikel/0,2828,611037,00.html)

258 Dr. Carsten Zielke: Nach dem Sturm, Studie der Société Générale, Frankfurt/M. 2009, S. 8

259 Die Zahlen gelten für das Jahr 2007.

260 http://www.versicherungsjournal.de/mehr.php?Nummer=100250&von=09.10.2000&bis=15.06.2009&Rubrik=alle&Autorsuche=alle&suchbegriff=zielke&anzahl=0

261 Ebd.

262 Lutz Reiche: Erst die Banken, dann die Versicherer? (http://www.manager-magazin.de/geld/artikel/0,2828,611037,00.html)

263 GDV: Kennzahlen zur Kapitalanlage der Lebensversicherer; Wert für 2008 ist ein vorläufiger Wert, basierend auf einer GDV-Umfrage per Mitte Januar 2009.

264 http://www.focus.de/finanzen/versicherungen/lebensversicherung/tid-13455/lebensversicherungen-die-luft-wird-duenn_aid_373312.html

265 http://boerse.ard.de/lexikon.jsp?p=150&key=lexikon_51321&letter=S und http://www.versicherungsnetz.de/Onlinelexikon/Stille-Lasten.html

266 Markus Voss. Die Luft wird dünn (http://www.focus.de/finanzen/versicherungen/lebensversicherung/tid-13455/lebensversicherungen-die-luft-wird-duenn_aid_373312.html) v. 23. 2. 2009

267 Dr. Carsten Zielke: Nach dem Sturm, Studie der Société Générale, Frankfurt/M. 2009, S. 8

268 http://www.daserste.de/plusminus/beitrag_dyn~uid,9aah5grlimvsm6h8~cm.asp)

269 Dr. Carsten Zielke: Nach dem Sturm, Studie der Société Générale, Frankfurt/M. 2009, S. 13

270 Ebd.

271 http://www.focus.de/finanzen/versicherungen/lebensversicherung/lebensversicherung-kritischer-blick_aid_389777.html

272 http://www.dfsi-institut.de/

273 http://www.focus.de/finanzen/versicherungen/lebensversicherung/lebensversicherung-kritischer-blick_aid_389777.html

274 http://www.dfsi-institut.de/ratings.php?c=1_2

275 http://www.focus.de/finanzen/versicherungen/lebensversicherung/lebensversicherung-kritischer-blick_aid_389777.html

276 Das Börsenlexikon (http://www.maxblue.de/?directJump=http://www.maxblue.de/hbl/bl/mb/28_892.shtml,)

277 http://www.focus.de/finanzen/versicherungen/lebensversicherung/lebensversicherung-kritischer-blick_aid_389777.html

278 Stresstests: Dr. Robert Holz, Aktuar DAV, www.rankingweb.de, Rating Evidence GmbH, www.ratingevidence.de. Ratings, Evidenzen und Stresstestergebnisse sind Meinungsäußerungen der einzelnen Ratingagenturen, der Rating Evidence GmbH und des Aktuars Dr. Robert Holz. Sie stellen keine Empfehlung von Unternehmen oder deren Produkten dar. Bitte beachten Sie, dass sich die Ratings, Evidenzen und Stresstestwerte seit der letzten Aktualisierung des Dokuments geändert haben können. Alle Angaben ohne Gewähr!

279 http://www.daserste.de/plusminus/beitrag_dyn~uid,9aah5grlimvsm6h8~cm.asp

280 http://www.wmd-brokerchannel.de/bc/itemshowone.php4?id=74625&return=itemshowone.php4?id=74253

281 Ebd.

282 Focus Money Nr. 17/2009 (http://www.focus.de/finanzen/versicherungen/lebensversicherung/lebensversicherung-kritischer-blick_aid_389777.html)

283 Ebd.

284 Lutz Reiche: Erst die Banken, dann die Versicherer? (http://www.manager-magazin.de/geld/artikel/0,2828,611037,00.html)

285 Markus Voss. Die Luft wird dünn (http://www.focus.de/finanzen/versicherungen/lebensversicherung/tid-13455/lebensversicherungen-die-luft-wird-duenn_aid_373312.html) v. 23. 2. 2009

286 Markus Voss. Die Luft wird dünn (http://www.focus.de/finanzen/versicherungen/lebensversicherung/tid-13455/lebensversicherungen-die-luft-wird-duenn_aid_373312.html) v. 23. 2. 2009

287 Lutz Reiche: Erst die Banken, dann die Versicherer? (http://www.manager-magazin.de/geld/artikel/0,2828,611037,00.html)

288 http://www.handelsblatt.com/unternehmen/banken-versicherungen/zuerich-financial-75-prozent-gewinn-weg;2267653

289 http://www.manager-magazin.de/geld/artikel/0,2828,603168,00.html v. 23. 1. 2009

290 http://www.daserste.de/plusminus/beitrag_dyn~uid,9aah5grlimvsm6h8~cm.asp)

291 Das Interview wurde schriftlich geführt. Die Antworten von Herrn Zielke erhielt ich am 4. 5. 2009. (Archiv Grandt)

292 Stellungnahme von Dr. Marco Metzler per Mail an mich am 15. 6. 2009 (Archiv Grandt)

293 Die Fragen wurden am 8. 4. 2009 schriftlich gestellt, die Antworten erhielt ich ebenfalls schriftlich. (Archiv Grandt)

294 Michael Grandt: Risiko Lebensversicherung – frisst die Finanzkrise jetzt auch noch unsere Altersvorsorge? (http://info.kopp-verlag.de/nc/news/risiko-lebensversicherung-frisst-die-finanzkrise-jetzt-auch-noch-unsere-altersvorsorge.html)

295 DER SPIEGEL 18/2009, S. 42

296 http://www.daserste.de/plusminus/beitrag_dyn~uid,9aah5grlimvsm6h8~cm.asp, Sendung v. 17. 3. 2009

297 Dr. Dirk Schlochtermeyer/Matthias Ch. Köhne (GDV): Das Aktienengagement von Versicherungen im Vorfeld von Solvency II, in: Dr. Carsten Zielke: Sturm, Studie der Société Générale, Frankfurt/M. 2009, S. 22

298 Mail v. 17. 6. 2009 von Fr. Strauß (GDV) an mich (Archiv Grandt)

299 Quelle: Bloomberg, Stand: Ende Februar 2009

300 Dr. Dirk Schlochtermeyer/Matthias Ch. Köhne (GDV): Das Aktienengagement von Versicherungen im Vorfeld von Solvency II, in: Dr. Carsten Zielke: Sturm, Studie der Société Générale, Frankfurt/M. 2009, S. 22

301 http://www.daserste.de/plusminus/beitrag_dyn~uid,9aah5grlimvsm6h8~cm.asp
http://www.handelsblatt.com/unternehmen/banken-versicherungen/bilanzkosmetik-fuer-versicherer;2149628;0

302 http://www.manager-magazin.de/geld/artikel/0,2828,611037-3,00.html

303 Lutz Reiche: Erst die Banken, dann die Versicherer? (http://www.manager-magazin.de/geld/artikel/0,2828,611037,00.html)

304 Ein nach dem HGB bilanzierendes Unternehmen

305 Zitiert aus: Lutz Reiche: Erst die Banken, dann die Versicherer? (http://www.manager-magazin.de/geld/artikel/0,2828,611037,00.html)

306 Lutz Reiche: Erst die Banken, dann die Versicherer? (http://www.manager-magazin.de/geld/artikel/0,2828,611037,00.html)

307 Lutz Reiche: Erst die Banken, dann die Versicherer? (http://www.manager-magazin.de/geld/artikel/0,2828,611037,00.html)

308 Das Interview wurde schriftlich geführt; die Antworten von Herr Abrahams (BaFin) erhielt ich am 21. 4. 2009. (Archiv Grandt)

309 Dr. Claus Bräutigam: Solvency II Kapitalanforderungen des Marktrisikos im Stresstest der Finanzkrise, in: Dr. Carsten Zielke: Nach dem Sturm, Studie der Société Générale, Frankfurt/M. 2009, S. 30

310 Lutz Reiche: Erst die Banken, dann die Versicherer? (http://www.manager-magazin.de/geld/artikel/0,2828,611037,00.html)

311 Dr. Carsten Zielke: Nach dem Sturm, Studie der Société Générale, Frankfurt/M. 2009, S. 13

312 http://www.destatis.de/jetspeed/portal/cms/Sites/destatis/Internet/DE/Content/Statistiken/Zeitreihen/WirtschaftAktuell/Preise/Content100/pre110j,templateId=renderPrint.psml